FACTopia!
팩토피아

꼬리에 꼬리를 무는 400가지 사실들

8 극한 상식

로즈 데이비드슨 글·앤디 스미스 그림·조은영 옮김

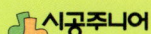

차 례

짜릿한 팩토피아는 처음일걸? • 6

깊은 곳 • 8

심해 • 10

산 • 12

날씨 • 14

눈 • 16

폭발 • 18

달과 위성 • 20

사막 • 22

소리 • 24

팩트 꼬리 물기 • 26

미생물 • 28

열 • 30

날카로운 것들 • 32

치명적인 동물 • 34

냄새 • 36

신발 • 38

여행 • 40

팩트 꼬리 물기 • 42

아마존 우림의 생물 • 44

작은 동물 • 46

속도 • 48

직업 • 50

동굴 • 52

바위 • 54

팩트 꼬리 물기 • 56

느린 것들 • 58

화산 • 60

익스트림 스포츠 • 62

추위 • 64

행성 • 66

빛 • 68

어둠 • 70

비행 • 72

수 • 74

팩트 꼬리 물기 • 76

귀여움 • 78

성장 • 80

꽃 • 82

알 • 84

생존 • 86

식물 • 88

신맛 • 90

디저트 • 92

성 • 94

해변 • 96

팩트 꼬리 물기 • 98

- 축제 • 100
- 음식 • 102
- 수집품 • 104
- 선사시대 생물 • 106
- 배 • 108
- 팩트 꼬리 물기 • 110
- 다리 • 112
- 장난감 • 114
- 자동차 • 116
- 사치품 • 118
- 먹기 • 120
- 동물의 이주 • 122
- 팩트 꼬리 물기 • 124
- 신체 기관 • 126
- 힘 • 128
- 이동 수단 • 130
- 마천루 • 132

- 공중 모험 • 134
- 위험천만한 행동 • 136
- 팩트 꼬리 물기 • 138
- 놀이기구 • 140
- 파도 • 142
- 감각 • 144
- 도시와 마을 • 146
- 엉뚱한 법 • 148
- 수상 활동 • 150
- 팩트 꼬리 물기 • 152
- 외딴곳 • 154
- 박물관 • 156
- 예술 • 158
- 나무 • 160
- 털 • 162
- 스타 반려동물 • 164
- 보석과 장신구 • 166
- 신화 • 168

- 팩트 꼬리 물기 • 170
- 행운 • 172
- 거울 • 174
- 비행 • 176
- 방어 • 178
- 고대 불가사의 • 180
- 멋진 장면 • 182
- 풍선과 열기구 • 184
- 팩트 꼬리 물기 • 186
- 꼬리 • 188
- 갑옷 • 190
- 곤충 • 192
- 로봇 • 194
- 재활용 • 196
- 높은 곳 • 198
- 찾아보기 • 200
- 팩토피아를 만든 사람들 • 205
- 참고 자료 • 206
- 사진 및 그림 출처 • 207

짜릿한 팩토피아는 처음일걸?

이번 모험은 우주의 극한으로 떠날 거야! 가슴이 벌렁거리고, 머리가 어지럽고, 저절로 엄지척하게 되는 역대급 사실들이지. 예를 들면 이런 거야……

세상에서 가장 작은 개구리가 인간의 배꼽에 쏙 들어갈 정도로 조그맣다는 거 알고 있었어?

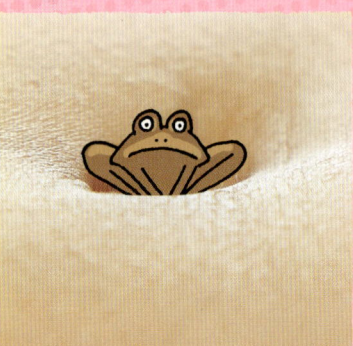

작은 동물 얘기가 나와서 말인데, 세상에서 가장 아프게 쏘는 생물은 몸길이가 고작 2.5센티미터인 총알개미야.

아야! 어느 날 코스타리카에서 운석이 떨어지면서 개집을 덮쳤는데 그 안에서 자고 있던 개를 용케 비껴갔다지 뭐야.

구사일생 하니까 생각나는데, 물속에 가라앉은 난파선에 갇혀 있던 요리사가 배 안의 공기만으로 3일을 버티다 구조되었대.

성난 파도 속으로! 포르투갈의 어느 파도타기 선수가 10층 건물보다 높은 파도를 타서 기록을 세웠다지.

이쯤 되면 팩토피아만의 특별한 여행법을 알아챘겠지? 팩토피아에서는 모든 사실이 다음 사실과 점선으로 연결되어 있어. 아주 놀랍고 재미있는 방식으로 말이지.

이 짜릿한 여행에서 **치명적인 생물, 엉뚱한 법, 사람보다 부자인 반려동물, 믿을 수 없는 기록들**… 아유, 너무 많아서 다 말할 수가 없네. 아무튼 직접 확인해 봐. 페이지를 넘길 때마다 놀랄 준비 단단히 하고.

그런데 말이야. 이 책의 길은 한 방향으로만 이어지지 않아. 점선을 따라가다 보면 가끔 샛길이 갈라지는데, **그 길로 빠지면 전혀 다른 사실로 이어지지**(당연히 다 연결되어 있어). 손가락에 침을 묻혀 가며 페이지를 이리저리 넘기느라 꽤 바빠질 거야. →

호기심이 이끄는 대로 한번 잘 따라가 봐.
팩토피아에 익숙하지 않다면 바로 다음 장을 넘겨서 처음부터 시작해도 좋아.

예를 들어 엄청 빠른 속도가 궁금하다면 이 길을 따라가면 돼.

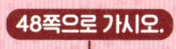

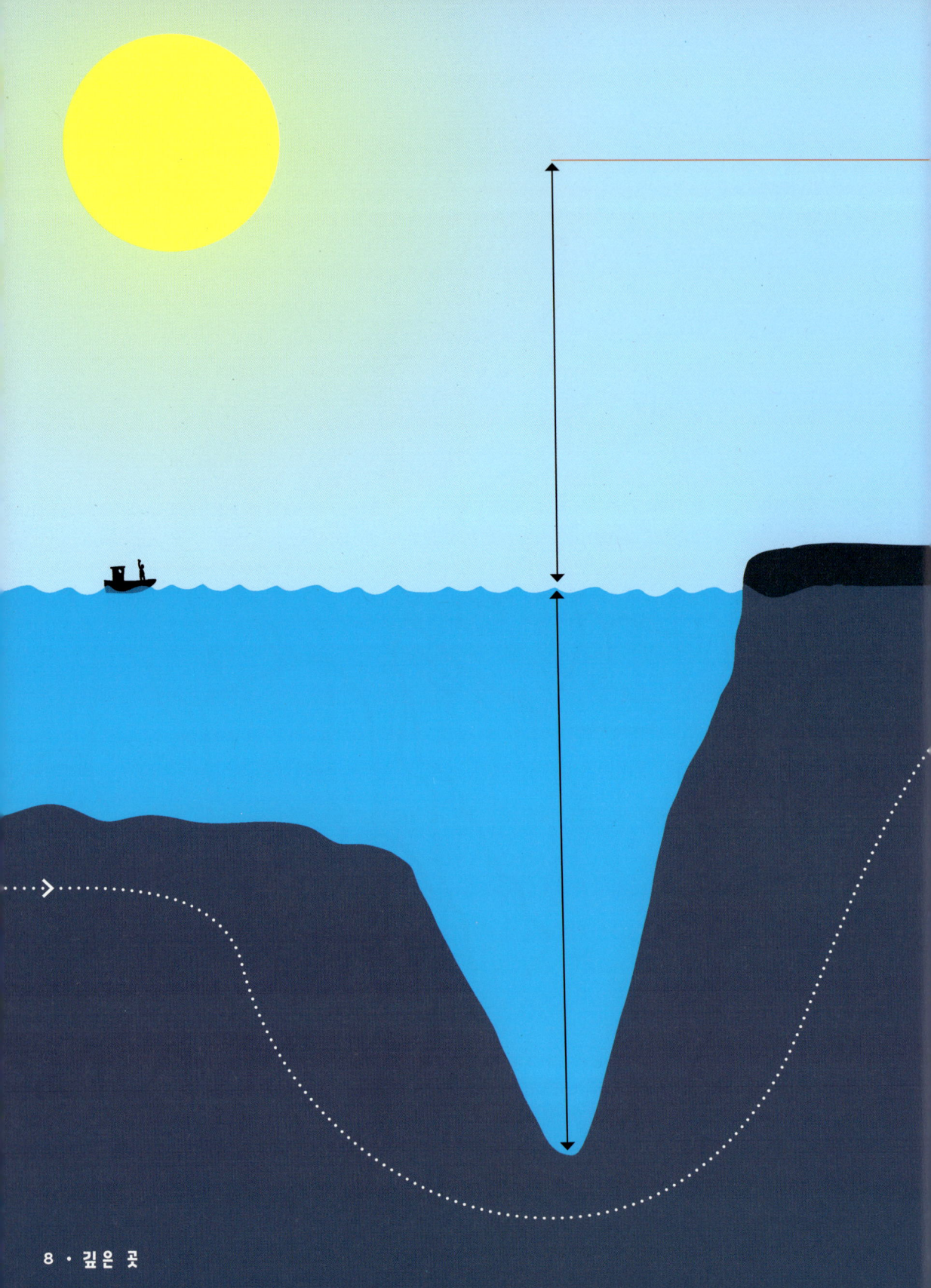

마리아나 해구에 있는 '챌린저 심연'은 전 세계 바다에서 **수심이 가장 깊은 곳**이야. 에베레스트산이 통째로 들어가고도 남을 만큼 깊지

깊고 깊은 바다로.

과학자들은 가장 깊은 바다의 수심을 재기 위해 배의 갑판에서 **폭약뭉을 던지고** 메아리가 배로 돌아오는 데 걸리는 시간을 측정했어.

돌아왔다!

18쪽으로 가시오.

땅 위의 산에는 무슨 일이? >

바닷속에 있는 산을 '해산'이라고 하는데,
혹등고래는 바다에서 **장거리 이동**을 할 때
해산을 이정표로 삼기도 한대.

북유럽 신화 속 천둥의 신 이름을 딴 캐나다의 토르산에는 지구에서 **가장 높고 가파른** 절벽이 있어. 수직으로 410층 건물만큼 솟아 있지.

엄지에도 확인해 봤어?

위험한 캠핑을 즐기는 사람들은 **낭떠러지 한복판**에 텐트를 치고 대롱대롱 매달려서 잠을 잔다지.

바다에서 가장 오래 머문 열대 저기압으로 기록된 '프레디'는 소용돌이를 몰고 다니며 지구 한 바퀴 거리인 8,000킬로미터 이상 육지 쪽으로 이동했어.

폭풍 추적자들은 미국 한복판의 '토네이도 앨리'를 돌아다니며 연내 수백 개의 토네이도를 추적해. 토네이도 앨리라는 세계에서 토네이도가 가장 많이 발생하는 지역이야.

번개는 경주용 자동차 포뮬러 원이 트랙을 질주하는 속도보다 1,200배 빨리 움직여.

66쪽으로 가시오.

행성으로 출발!

화성에서도 **눈 폭풍**이 몰아친다지?

미국 콜로라도주 브레킨리지에서는 매년 세계 눈 조각 대회가 열려. 참가 팀은 약 1만 8,000킬로그램짜리 커다란 **눈 블록**을 받아서 감자 칼, 철망, 톱 같은 도구로 조각품을 만들지.

우리은하에서는 50년마다 **별 하나씩** 폭발해.

2013년에 새끼 하마만큼 무거운 **운석** 하나가 달 표면에 충돌했어. 시속 90,123킬로미터의 속도로 돌진했다지…

날 따라가게.

60쪽으로 가시오.

북극을 탐험

이오는 태양계에서 화산 활동이 가장 활발하게 일어나는 위성이야. 이오의 표면은 녹아내린 치즈와 올리브로 뒤덮인 피자처럼 생겼지.

달에는 사하라 사막보다 물이 더 많이 있어.

칠레의 '달의 계곡'에 펼쳐진 **사막 풍경**은 달과 아주 비슷해서 과학자들이 그곳에서 우주 탐사차를 시험하곤 해.

사막에도 물이 있다니.

대부분 **얼음 형태**로 발견되지.

달과 위성 · 21

사막꿩 수컷은 물을 찾아 80킬로미터나 날아간다지. 깃털에 **물을 적시고** 돌아와서 자기 짝과 새끼에게 먹이기 위해서야.

사막에 사는 도르카스가젤은 평생 물 한 모금 마시지 않고도 살 수 있어. **오줌도 고체**라지.

데스밸리를 통과하면서 217킬로미터를 쉬지 않고 뛰어야 하는 달리기 대회가 있대. 미국 캘리포니아주에 있는 사막인 데스밸리는 세계에서 가장 높은 기온을 기록한 곳이야.

142쪽으로 가시오.

낮은 소리를 가열시켜 봐.

모르포나비는 날개에 **아주 작은 귀**가 있어.

꿀벌부채명나방은 주파수가 가장 높은 소리를 들을 수 있는 동물이야. 돌고래도 감지하지 못하는 고음을 듣는다는 뜻이지.

하와이 마우이섬에 있는 할레아칼라산 분화구 주변에는 **인간의 숨소리**처럼 작은 소리밖에 들리지 않아. 그래서 '지구에서 가장 고요한 장소'라고 불려

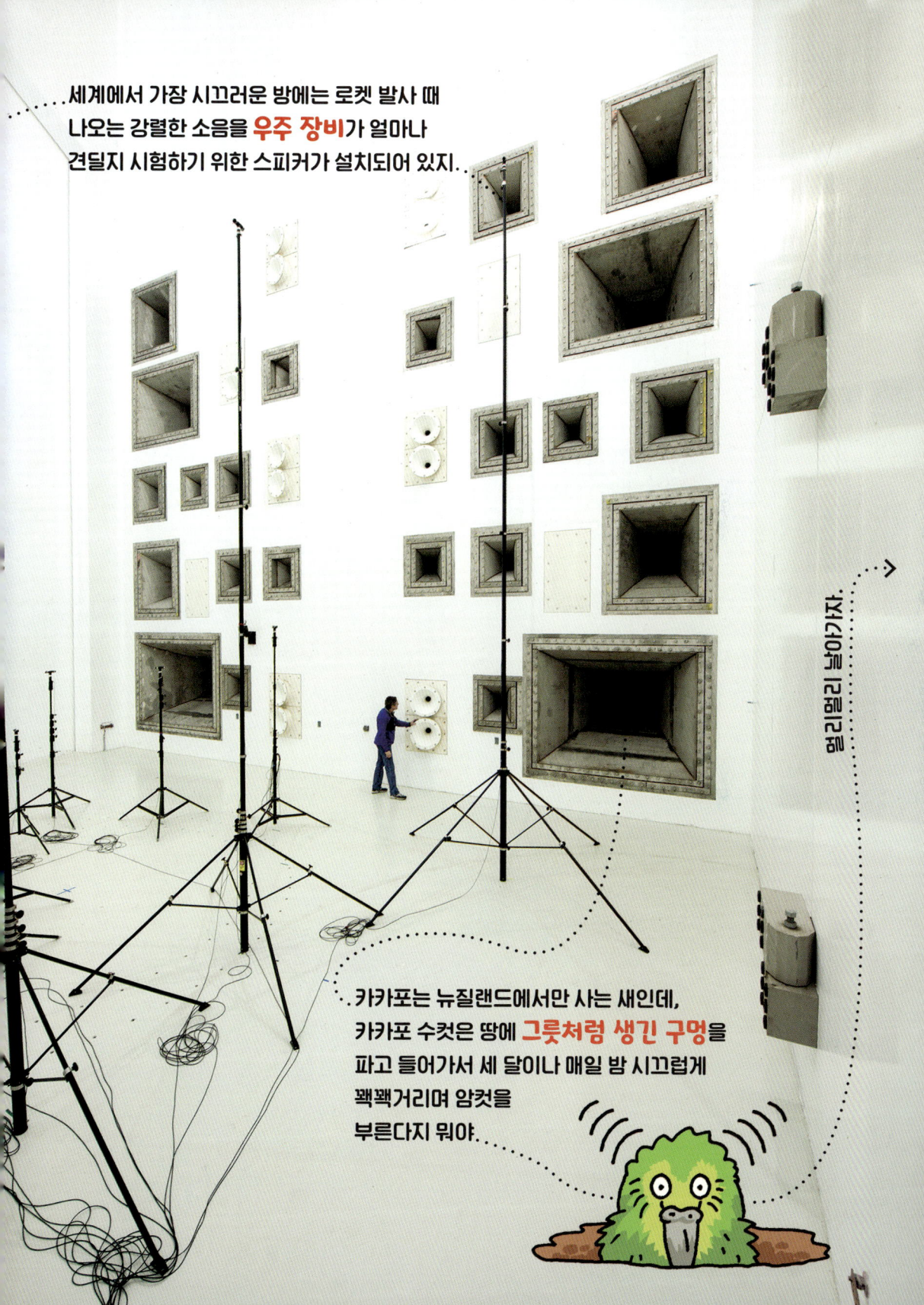

해왕성에서 거대한 **폭풍**이 불어닥칠 때면 시속 2,600킬로미터의 **바람**이 부는데, 지구를 통째로 삼킬 수 있을 만큼 무척 거세다고 해.

컴퓨터가 거대한 연을 조종해서 얻는 **바람** 에너지로 **주택**에 전기를 공급할 수도 있지.

어떤 새는 인간의 귀에 들리지 않는 아주 낮은 초저주파음을 들을 수 있어. 덕분에 **폭풍**이 언제 오는지도 미리 알 수 있지.

북극에는 인간에게 접근하는 북극곰을 감지해 경고하는 **레이더**가 있는데 **인공지능**으로 움직인대.

인공지능 연구자들은 좀 더 효율적인 로봇 설계를 위해 **달팽이**에서 힌트를 얻고 있어. 달팽이는 뇌에 있는 고작 두 개의 세포를 사용해 결정을 내리거든.

오스트레일리아의 어느 건축가가 친환경 **주택**인 '**똥** 하우스'를 설계했어. 인간의 배설물을 모아다가 배출해서 자동으로 지붕과 벽을 짓는 원리인가 봐.

'붉은배빗해파리'라는 바다 동물의 **똥**은 **반짝이**처럼 빛나.

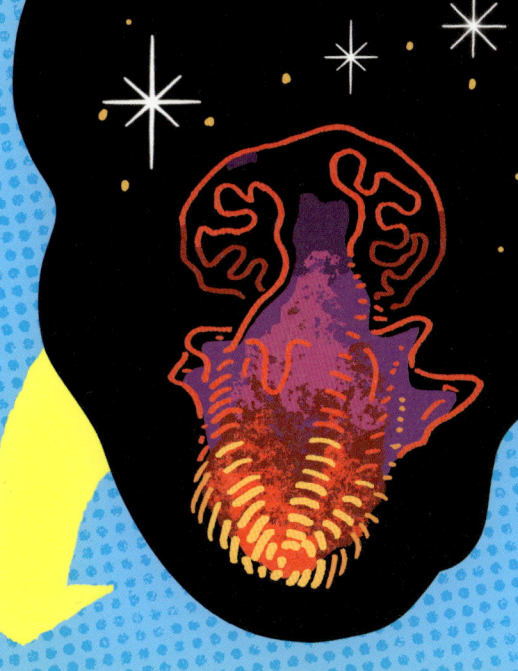

'채프'는 알루미늄이나 아연을 입힌 **반짝이** 같은 섬유인데, 미군이 적의 **레이더**를 교란하기 위해 사용했어.

미세한 세계

세상에서 가장 작은 **달팽이**는 **바늘**귀를 통과할 수 있어.

인간이 만든 가장 날카로운 물체는 끝이 고작 원자 하나 두께인 **바늘**이야.

팩트 꼬리 물기 · 27

58쪽으로 가시오.

느릿느릿

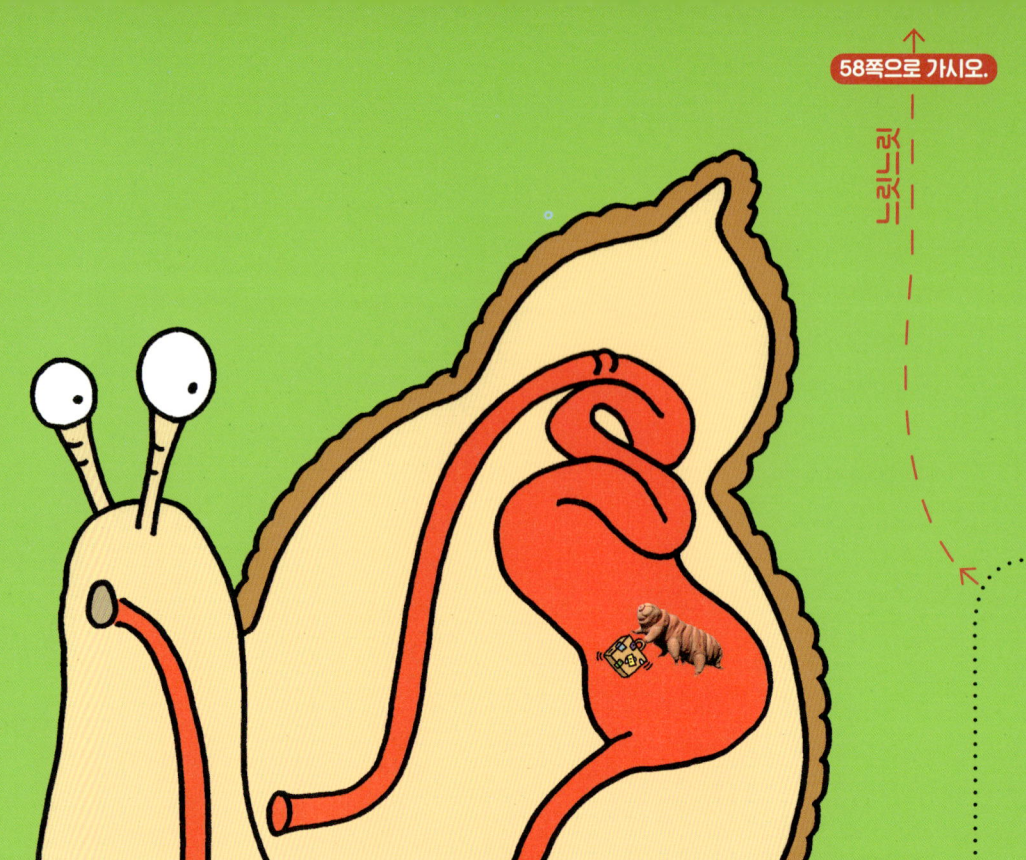

완보동물은
달팽이 창자 속에
들어가서 달팽이와 함께 이동하다가 필요할 때 똥으로
바깥에 나온대

미국 옐로스톤 국립공원의 '그랜드 프리즈매틱 스프링' 물속에는
매우 뜨거운 온도를 좋아하는 미생물들이
아름다운 색깔 띠를 만들며 살고 있지

대형 강입자 충돌기는 물리학자들이 입자를 **상상을 초월한 빠른 속도로 움직이게** 하려고 만든 거대한 장비야. 내부 온도가 섭씨 4조 도까지 올라갈 수 있어.

폭발하는 별인 초신성은 우주에서 자연스레 생겨난 것 중에 가장 뜨거운 물체야. 태양의 중심보다 **6,000배 더 뜨겁지**.

하와이 어느 화산의 용암류는 섭씨 870도가 넘는 온도로 **끓어오르고 있어**.

텅스텐은 녹는점이 금속 중에서 가장 높은 섭씨 3,422도야.

아주 날카로운 수술용 가위에 쓰이지.

칼날을 갈자.

폼페이벌레는 수중 화산의 뜨거운 열기 근처에서 광물이 풍부한 물을 내뿜는 **열수구**에 살고 있다지.

무척 빠른 건 또 있어!

48쪽으로 가시오.

화석 기록에 따르면 **뱀장어를 닮은** 어느 선사시대 동물의 입에 세상 그 어떤 동물보다 날카로운 이빨이 나 있다지. 이빨 끝이 사람 머리카락 한 가닥보다 20배나 더 가늘대...

11세기 중동에서 처음 사용된 '다마스쿠스 검'은 강철로 만든 칼이야. 떨어지는 비단을 벨 만큼 날카롭고 **바위를 반으로 쪼갤 만큼** 튼튼했다고 전해지지!

····>····· 세상에서 무는 힘이 가장 치명적인 바다악어는 사람이 턱으로 무는 힘보다 18배 넘는 압력으로 스테이크를 **우적우적 씹어 먹어**.

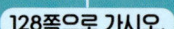
128쪽으로 가시오.

궁금하면 대답해

상자해파리는 세상에서 가장 무시무시한 맹독을 지니고 있다는군. **독이 든 작은 화살**이 촉수를 뒤덮고 있대.

바다에서 가장 치명적인 포식자인 백상아리는 100억 개의 물방울에 **피 한 방울**만 섞여도 냄새를 맡을 수 있다지 뭐야.

이게 무슨 냄새지?

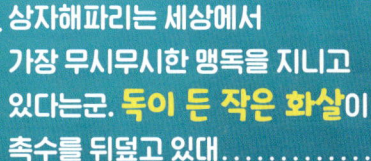

치명적인 동물 · 35

모기는 **양말 고린내**에 끌린다나 봐. 냄새가 고약할수록 더 좋아한다지.

신발 신고 발바닥 굽기

독일에서 화학자들이 **초강력 악취가 나는 물질**을 개발한 적이 있는데, 마을에 온통 그 악취가 퍼지는 바람에 사람들이 토하고 기절하고 급기야 대피까지 했대.

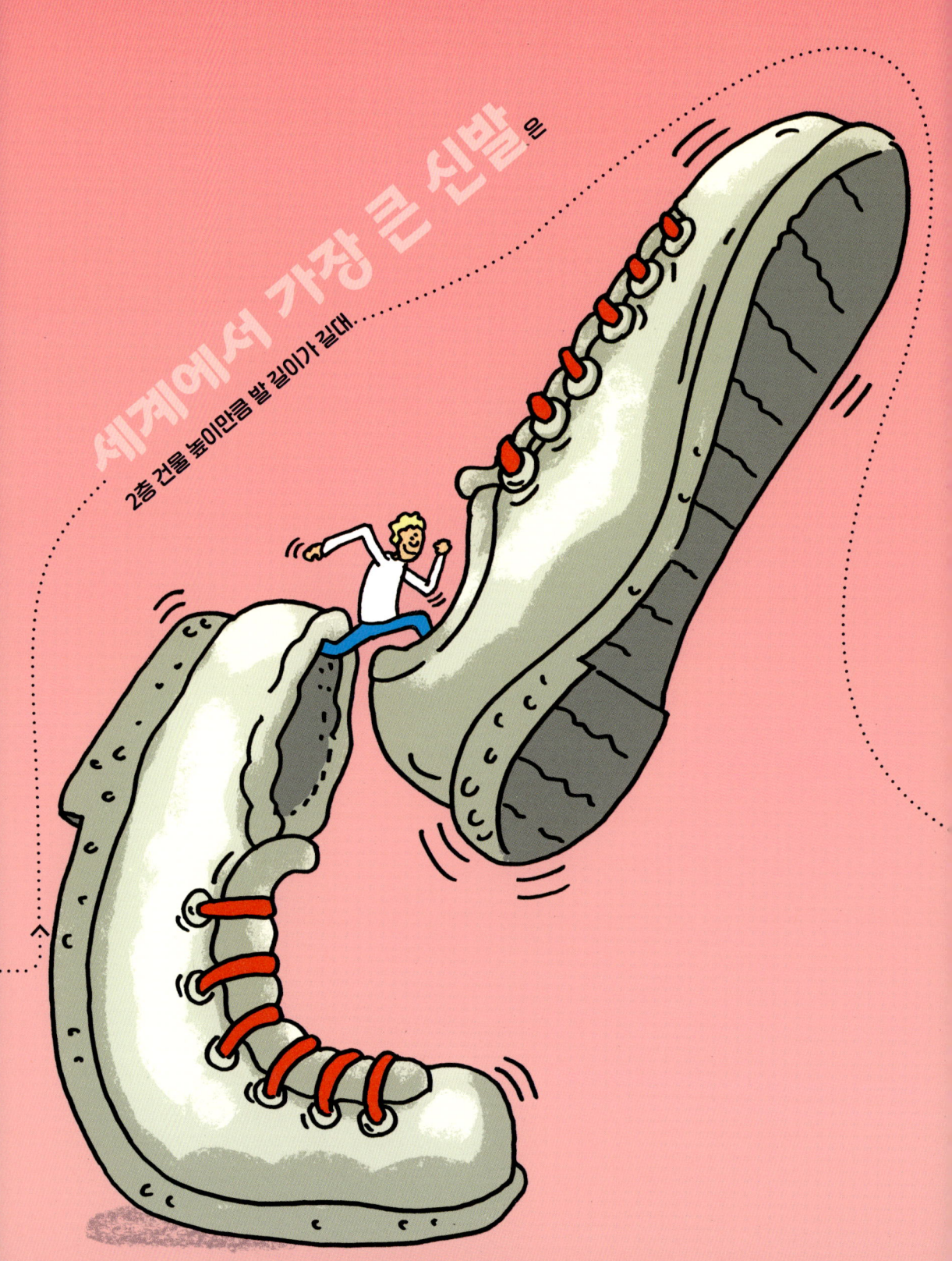

이쪽으로 걸어와.

어느 미국인이 개와 함께 7년 동안 전 세계를 걸어서 돌아다녔다는군. 약 4만 8,000킬로미터를 이동하면서 **운동화를 45켤레**나 갈아 신었다지 뭐야.

인도의 한 신발 가게에서 굽이 50센티미터나 되는 **하이힐 부츠**를 판 적이 있어.

플래닛 워커(지구를 걷는 사람)라는 별명의 한 남성이 22년 동안 자동차나 버스를 한 번도 타지 않고 어디를 가든 무조건 걸어다녔대.

세상에서 **가장 긴 하이킹 코스**인 캐나다의 '그레이트 트레일'은 2만 4,000킬로미터도 넘게 이어져 있어. 어떤 구간은 버려진 철길이라지.

중국의 **장공잔도**는
가파른 산 중턱에 좁은 나무판자를
고정해 만든 위험천만한 등산로야.
사람들은 안전을 위해
절벽에 달린 사슬에
몸과 연결된 고리를 걸고 다니지.

기린은 높은 **나무**에 있는 먹이를 먹으려고
긴 목이 발달했다고 하지.
하지만 목으로 서로 **칼**싸움을 하기 위해
기린의 목이 길어졌다고 말하는 과학자들도 있어.

아마존 우림에서 발견되는
'자심목'이라는 **나무**의
목재는 보라색이야.

지금은 멸종한 고대 바다전갈의 꼬리는 **칼**처럼
뾰족하고 가장자리에 톱니가 나 있대. 아마도
바다**전갈**은 꼬리로 먹잇감을 찌르거나 썰었을 거야.

과학자들은 **우주** 엘리베이터를 건설하고 싶어 해.
지구 궤도 안팎을 이동할 때 아주 튼튼한 케이블을
따라 사람들을 **캡슐**에 싣고 가는 거지.

활짝 핀 양귀비꽃의
주홍색은 **우주**에서도
보인다는군.

세계 최초의 **캡슐** 호텔은
일본 오사카**시**에 있는데,
딱 한 사람이 들어가서 잘
정도의 크기야.

'**개**의 별'이라고도
알려진 시리우스 A는
우리은하에서
가장 밝은 **별**이야.
태양보다 25배나 밝지.

캐나다의 어느 **시**에서는 **개**똥으로 만든 에너지로
주택에 전기를 공급하기도 한대.

오스트레일리아에는 지구에서 가장 치명적인 독을 지닌 생물 종들이 살아. 특히 파란고리문어의 독은 청산가리보다 1,000배나 더 강하다는군.

박쥐 내장에 사는 세균을 연구한 생물학자들은 박쥐 종을 똥 색깔만 보고도 식별해 내지.

전갈 중에서도 오스트레일리아에서 발견되는 사막전갈은 약 1미터짜리 나선형의 굴을 파고 산대.

지구에서 가장 오래된 색깔 색소는 밝은 분홍색이라고들 해. 11억 년 전에 화석으로 변한 세균의 몸 안에서 서아프리카 연구자들이 그 색소를 발견했다는군.

미국 뉴욕시의 한 회사가 14미터 높이의 종이 인형 '피냐타' 안에 초콜릿 주머니 수천 개를 넣고 터트리는 이벤트를 열었대. 그 피냐타는 거대한 주홍색 엠앤엠즈 모양이었다지.

별코두더지는 공기 방울을 분 다음 재빨리 들이마시는 방법으로 물속의 냄새를 맡을 수 있어. 주변에 있는 먹잇감의 냄새를 추적하는 특별한 전략이지.

아마존 우림의 아주 뜨거운 강인 '샤나이 팀피쉬카'에는 섭씨 93도나 되는 물이 끓어오를 듯이 방울방울 부글거리고 있어.

경이로운 아마존

178쪽으로 가시오.

쏘였을 때 가장 큰 고통을 주는 곤충은 2.5센티미터 길이의 **총알개미**야.

큰부리새의 부리에는 몸의 열기를 식히는 **복잡한 혈관망**이 있어. 후덥지근한 열대우림에 사는 새에게 필요한 내장 에어컨이지.

세계에서 가장 긴 강의 하나인 아마존강에는 서프보드 길이만큼 잎이 넓은 **큰가시연꽃**이라는 식물이 살아.

세상에서 **가장 작은 영장류**인 피그미마모셋은 갓 태어났을 때 사람의 엄지손가락만 한 크기라는군.

더 작은 동물도 있을까?

큰수달은 아마존강 주위를 돌아다니면서 카이만악어를 **잡아먹는대**.

...판다 어미의 몸무게는 갓 태어난 새끼보다 900배도 넘게 나가.
하지만 인간은 20배밖에 차이가 나지 않지.

...세상에서 가장 작은 개구리는 몸길이가 고작 7.6밀리미터밖에 안 돼.
사람의 배꼽 속에 쏙 들어갈 정도라니깐......

사비왜소땃쥐는 땅에 사는 포유류 중 가장 작은 동물인데,
그 어느 포유류보다도 심장이

빨리 콩닥거린대

> 쥐도 새도 몰라!

작은 동물 · 47

2018년에 국제 동굴 스쿠버 다이버 팀이 태국의 침수된 동굴에 갇힌 **축구팀을 구조했어.**

동굴도롱뇽붙이는 동굴에 살아서 눈이 퇴화한 양서류인데 100살도 넘게 산다나 봐.

종유석

브라질 미나스제라이스주의 어느 동굴 천장에는 세상에서 가장 긴 종유석이 매달려 있다는군. 길이만 해도 28미터나 돼.

바위처럼 단단하겠지?

북아일랜드의 '자이언츠 코즈웨이'는 4만 개의 현무암 기둥이 서로 맞물려서 펼쳐진 지형이야. 스코틀랜드에 사는 다른 거인에게 가려고 바다에 바위를 던져서 길을 냈다는 **신화 속 거인**의 이름이기도 하지.

더 못된 신화 속 이야기

168쪽으로 가시오.

코스타리카에서
운석이 개집에
떨어졌는데
다행히 그 안에서
자고 있던 개를
비껴갔대

잘숨어 봐!

땅 밑에 만든 어떤 벙커는 재난 피난처이면서 수영장, 물놀이장, 영화관, 체육관 같은 호화로운 시설까지 갖추고 있다는군.

세계에서 가장 낮은 림보 기록에 성공한 사람은 땅에서 고작 22센티미터 떨어진 높이를 통과했어. 축구공만 한 높이지.

프랑스의 어느 다리는 수년에 걸쳐 방문객들이 걸어 놓은 사랑의 자물쇠 약 70만 개로 장식되어 있어. 자물쇠를 다 합치면 코끼리 20마리의 몸무게와 같다나.

브라질의 킬리만자로 워터슬라이드는 흐르는 물을 타고 가다가 16층 건물 높이에서 방문객이 시속 100킬로미터로 발사되듯 내려가지.

'예쁜 턱'이라는 별명을 가진 역사상 가장 작은 공룡은 몸무게가 고작 3킬로그램이고 몸집이 지금의 닭보다 조금 큰 정도였대.

월리스거인꿀벌은 보통 꿀벌보다 몸집이 4배나 커. 커다란 턱으로 긁어서 모은 나무 수액을 공처럼 뭉치고 나무를 수집해서 둥지를 짓지.

딱따구리는 하루에 부리로 나무를 8,000번 이상 쫄 수 있어. 그러고는 끈적한 혀로 음식을 꺼내지.

음식의 맛을 더하기 위해 고대 아즈텍족은 물과 고추로 최초의 핫소스를 만들었어.

나무늘보의 멸종한 조상인 '거대땅늘보'는 몸집이 무척 커서 아보카도를 씨까지 통째로 삼킬 수 있었어. 오늘날에도 아보카도가 자라는 것은 거대땅늘보가 아보카도를 먹고 싼 똥으로 여기저기 씨앗을 뿌리고 다녔기 때문이야.

과학자들이 9,900만 년 동안 호박이라는 광물에 보존되어 있던 선사시대 도마뱀의 머리뼈를 발견했어. 아마도 몸집이 아보카도보다 조금 더 작았을 뿐이라 처음에는 다들 공룡인 줄 알았다는군.

팩트 꼬리 물기 · 57

말미잘은 거의 이동하지 않지만 어쩌다가 한 번씩 움직일 때면 물속에서 아주 느린 **공중제비**를 선보이기도 해.

세계에서 **가장 느린 거북**인 세이셸의 코끼리거북은 미식축구 경기장을 길게 가로지르는 데 20분이 걸려.

폭발 일보 직전!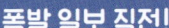

이탈리아의 스트롬볼리 화산은 수백 년 동안 정상의 분화구에서 **작은 폭발**을 여러 번 일으키면서 화산재, 용암, 자갈 등을 서서히 분출시키고 있어.

두 명의 운동선수가 **유독 가스**를 막는 방독면을 쓰고
어느 활화산 위에서 가장 긴 외줄타기 기록을 세웠다는군.

⋯하와이어로 '긴 산'이라는 뜻의 마우나로아산은 세계에서

극한 다림질은 하늘이나 물속처럼 옷을 다리기 어려운 특이한 장소에서 다림질을 시도하는 익스트림 스포츠야.

의자에 오래 앉아 있기를 공식 스포츠로 인정해 달라면서 어떤 사람이 사막에서 무려 14시간 27분이나 앉아 있었어.

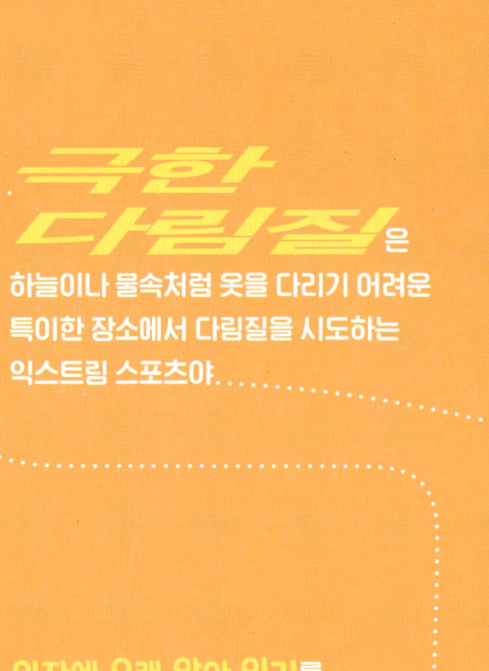

...2015년 핼러윈 즈음에
어느 얼음 덮인 **왜소행성**이 발견됐어.
별명이 '고블린'인 이 왜소행성은
명왕성보다 태양에서 약 2.5배 멀리 떨어져 있고
크기는 달의 10분의 1 정도라지...

화성의 마리너 협곡은 태양계에서 **가장 큰 협곡**이야.
지구의 그랜드 캐니언보다 9배나 길고 깊이는 3배나 되지...

검은 곳으로

8쪽으로 가시오.

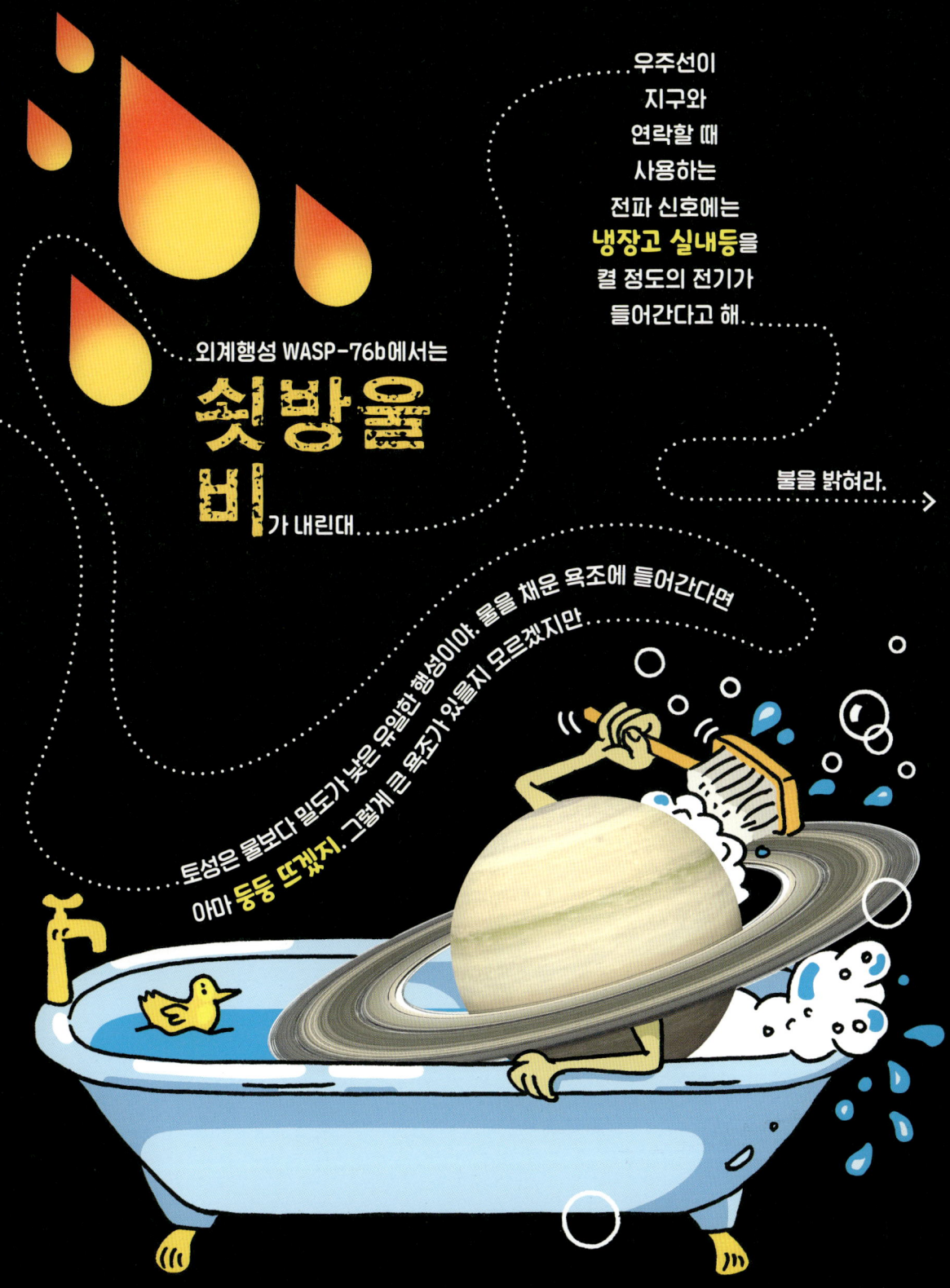

과학자들이 푸른색 조명으로 실험한 바에 따르면 바다거북은
네온색 빛이 난다고 해

과학자들이
태양 표면보다
10억 배 밝은
빛을 만드는 데
성공했어.

빛이 있으면 어둠도 있는 법.

과학자들이 발명한
검은색 물질인 '밴타블랙'은
빛의 99퍼센트 이상을
흡수하는 지구에서
가장 어두운 색의 하나야.

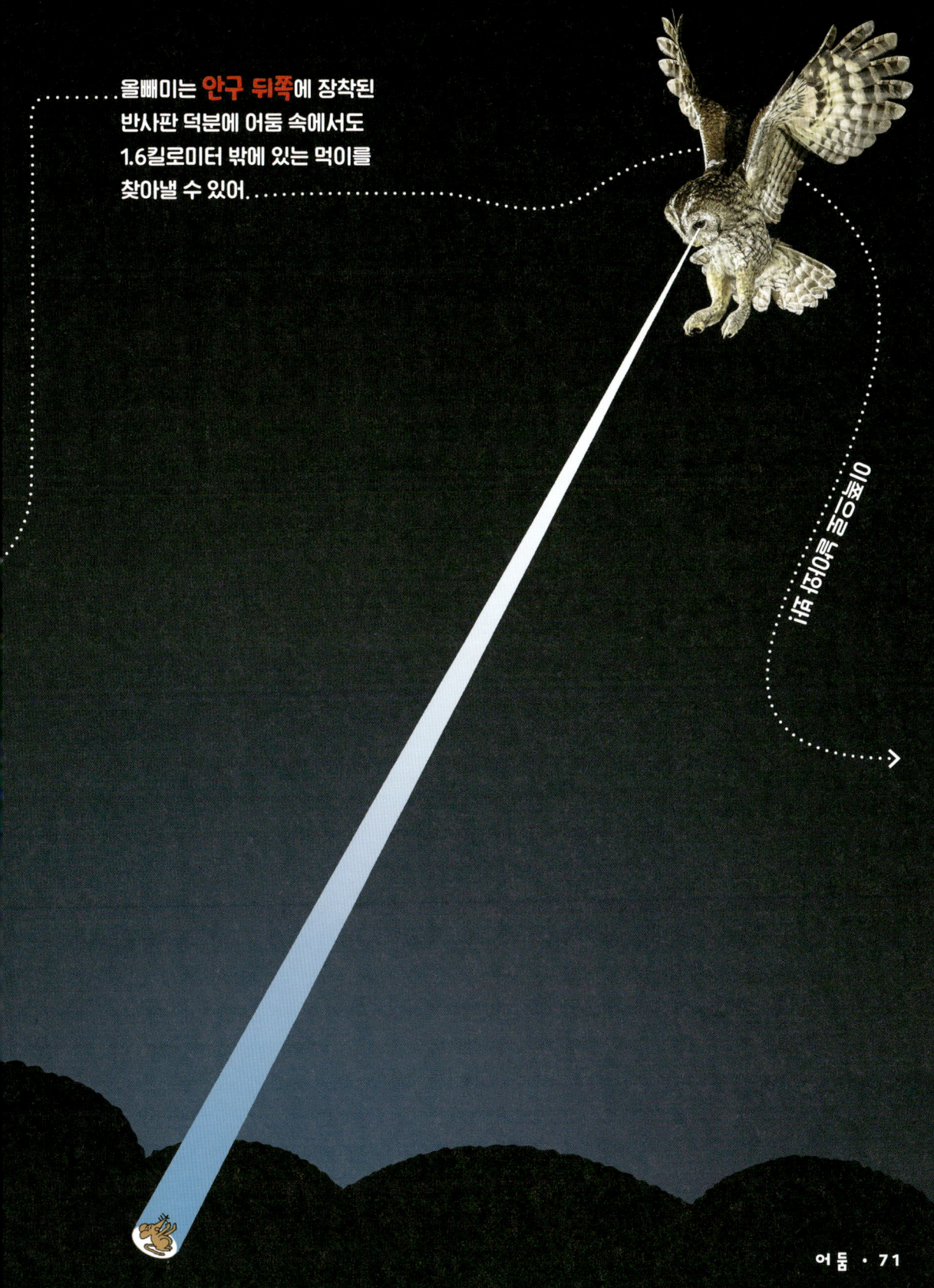

올빼미는 **안구 뒤쪽**에 장착된 반사판 덕분에 어둠 속에서도 1.6킬로미터 밖에 있는 먹이를 찾아낼 수 있어.

이 쪽으로 돌아가 봐!

프랑스에서는 어떤 사람이 공중에 뜨는 스케이드보드인 **호버보드**를 타고서 2,225미터를 날아갔다지 뭐야.

얼마나 높이 날아오를까?

비 행 · 73

어느 수학자가 제안한 **그레이엄 수**에는 숫자가 너무 많아서 우리가 관측할 수 있는 0242595069506473839565747913651935179833453536252143 0035

6771622672160419810652263169 우주 안에 다 들어가지도 못할 거야.

국제 우주 정거장의 화장실에는 2,300만 달러나 나가는 **우주에서 가장 비싼 변기**가 있어. 특수 발판과 손잡이 덕분에 우주비행사가 볼일을 보는 동안 제자리를 유지할 수 있지.

엄청난 물건이네!

고고학자들이 스페인에서 3,700년 된 묘지를 발견했는데, 목걸이와 팔찌를 차고 **왕관**을 쓴 여성의 유골이 들어 있었대.

회색관두루미는 황금색 깃털로 장식한 **왕관**이 치어리더의 응원수술처럼 **머리** 위에 펼쳐져 있지.

망치머리박쥐는 말코손바닥사슴처럼 생긴 커다란 **머리**가 떡하니 **몸** 위에 달려 있어.

역사상 가장 오래된 지갑은 지금의 독일에서 발견된 4,500년 된 **장신구**인데, 개의 **이빨**로 장식되어 있지.

어느 예술가가 **높이**가 4.8미터나 되는 모자를 만들었어. 스쿨버스보다도 높이 솟은 **장신구**야.

칼날 같은 **이빨**로 무장한 검치호랑이는 **고양이**과 동물인데 송곳니로 한 번에 먹이를 꿰찌를 수 있었어.

미국 캘리포니아주의 어느 **마을**에서 227킬로그램짜리 흑곰이 사람 사는 집에 탱크처럼 불쑥 들어가 먹다 남은 **피자**와 간식을 찾아다니는 모습이 목격되었어. 덕분에 이 흑곰에게 '행크 더 탱크'라는 별명이 붙었다는군.

루마니아의 '치오라니'는 **고양이**들의 수도로 알려져 있지. **마을**에 한 사람당 고양이 네 마리가 살거든.

어떤 상어는 눈을 감지 않고 잘 수 있대. 밤이고 낮이고 짧게 낮잠을 자지.

밤하늘에서 보기 드물게 '해파리 스프라이트 현상'이 발생하는데, 해파리 같은 바다 동물 모양으로 내리치는 번개를 말해.

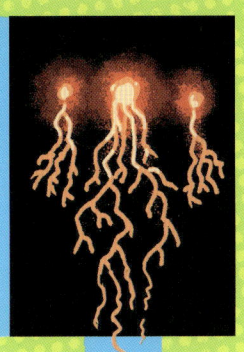

안경원숭이는 몸집이 테니스공만 해. 하지만 눈이 어찌나 큰지 눈알을 굴릴 수 없고 대신 머리를 좌우로 180도씩 돌릴 수 있어.

세계에서 가장 큰 산호초인 그레이트배리어리프에는 산호라는 바다 동물이 1년에 한 번, 보름달이 뜬 밤에 아주 많은 수가 단체로 알을 낳는대.

언젠가는 바닥에 스프링이 달려 있는 점핑 로봇이 달을 탐사하게 될 거야. 저중력 상태에서도 120미터 이상 날아오를 수 있는데, 지구에서 도달할 수 있는 높이의 4배나 된대.

어느 이탈리아 요리사가 피자로 유명인들의 초상화를 그렸는데 오직 밀가루 반죽과 토마토소스, 치즈만 사용했다나 봐.

세계에서 가장 큰 토마토는 무게가 4.5킬로그램이나 나간대. 갓 태어난 아기보다 무거운 셈이지.

아기는 귀염지.

쿼카는 세상에서 가장 행복한 동물로도 불려. 숨이 차서 헐떡거릴 때면 꼭 웃는 것처럼 보이거든.

'귀여운 공격성'은 원가를 보고 **터질 때까지 꽉 쥐고 싶은** 느낌을 말해. 아주 좋은 기분이 벅차오를 때 자기도 모르게 뇌에서 일어나는 반응이야.

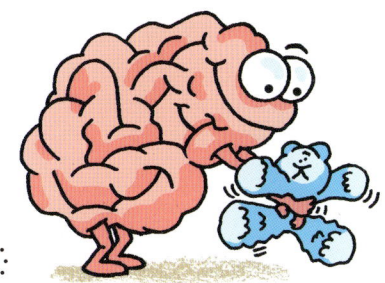

인간 아기는 눈이 **거의 다 자란 상태**로 태어나. 그래서 몸의 다른 부위보다 더 커 보이지. 그 모습이 어른의 눈에는 귀엽게 보여서 아기를 보호하고 보살피고 싶은 기분이 드는 거야.

무럭무럭 자라렴.

캥거루 새끼는 태어난 다음에도 엄마의 배 주머니 안에 몇 달 살면서 밖으로 나오지 않고 그 안에서 먹고 자고 싼다지.

1일째 14일째

터콰이즈킬리피시는 막 태어난 새끼가 고작 14일이면 완전한 어른이 된대……

안데스의 여왕이라고 불리는 어느 희귀한 식물은 처음 꽃을 피우기까지 100년이나 걸린대……

꽃잎이 활짝 ›

러시아 과학자들이 3만 2,000년 전 빙하기 때
청설모가
묻어 놓은 씨앗을 발견했어.
그 씨앗을 심었더니 처음 보는 식물이
자랐다는군.

꽃식물 가운데 세상에서 가장 작은 식물인 '분개구리밥'은 고작 **쌀알 하나** 크기야.

오스트레일리아에서 가뭄 끝에 비가 왔을 때 가장 먼저 꽃을 피우는 식물은 **수란데이지**야. 가운데가 노랗고 주변이 하얀색이라 꼭 끓는 물에 달걀 흰자만 익힌 수란을 닮았다지.

'백선'이라는 식물의 꽃은 **레몬 향이 나는 기름**을 분비하는데, 거기에 불이 붙을 수 있대.

아즈텍족들은 기침을 치료하거나 **벼락 맞은** 사람을 진정시킬 때 '천수국'을 사용했어.

달걀을 닮은 꽃이라⋯

에피오르니스는 세상에서 가장 큰 알을 낳았던 동물인데 지금은 멸종했어. '코끼리새'라고도 하는 이 동물의 알은 길이가 33센티미터나 되고 무게는 10킬로그램이나 나가지......

세상에서 가장 알껍데기가 두꺼운 알은 **타조알**이야. 10원짜리 동전 두 개를 겹친 것만큼 두꺼워.

녹아 없어지기도 하지.

어떤 물고기의 알은 오리에게 먹히고 **똥으로 나온 다음에도** 살아남는다고 하지.

식물의 힘

뉴질랜드의 어떤 식물은 섭씨 72도나 되는 뜨거운 **화산 토양**에서도 살아남는다지 뭐야.

어느 배가 물속 30미터 깊이로 가라앉았는데, 그 배의 요리사가 배 안에 생긴 **공기 방울로 숨 쉬며** 3일간 버티다가 간신히 구조되었어.

192쪽으로 가시오.

뱀을 닮았다 해서 '코브라백합'이라고 불리는 식물이 있는데, **곤충을 잡아먹는** 식충식물이야.

붙잡힌 곤충은 못 있어.

영국에서 열리는 세계 쐐기풀 먹기 대회에서 참가자들은 직접 **쐐기풀잎을 뜯어서** 먹어. 잎에 붙은 벌레까지 말이지.

·····'삼화뱀무'라는 야생화는 꼭 **솜사탕**처럼 생겼어·········

···'루바브'라는 채소는 먹을 때 조심해야 해. 줄기는 먹어도 안전하지만 잎은 신맛이 나고 **독성이 강한 물질**이 들어 있거든···

아이, 셔!

·····열대지방에서 자라는 어떤 나무의 씨앗은 **해류를 타고** 바다의 한쪽 끝에서 다른 쪽 끝까지 실려 간 다음 싹을 틔운대·········

우메보시는 매화나무에서 열리는

매실로 만든 일본식 장아찌인데,

레몬보다 3배나 더 시어…

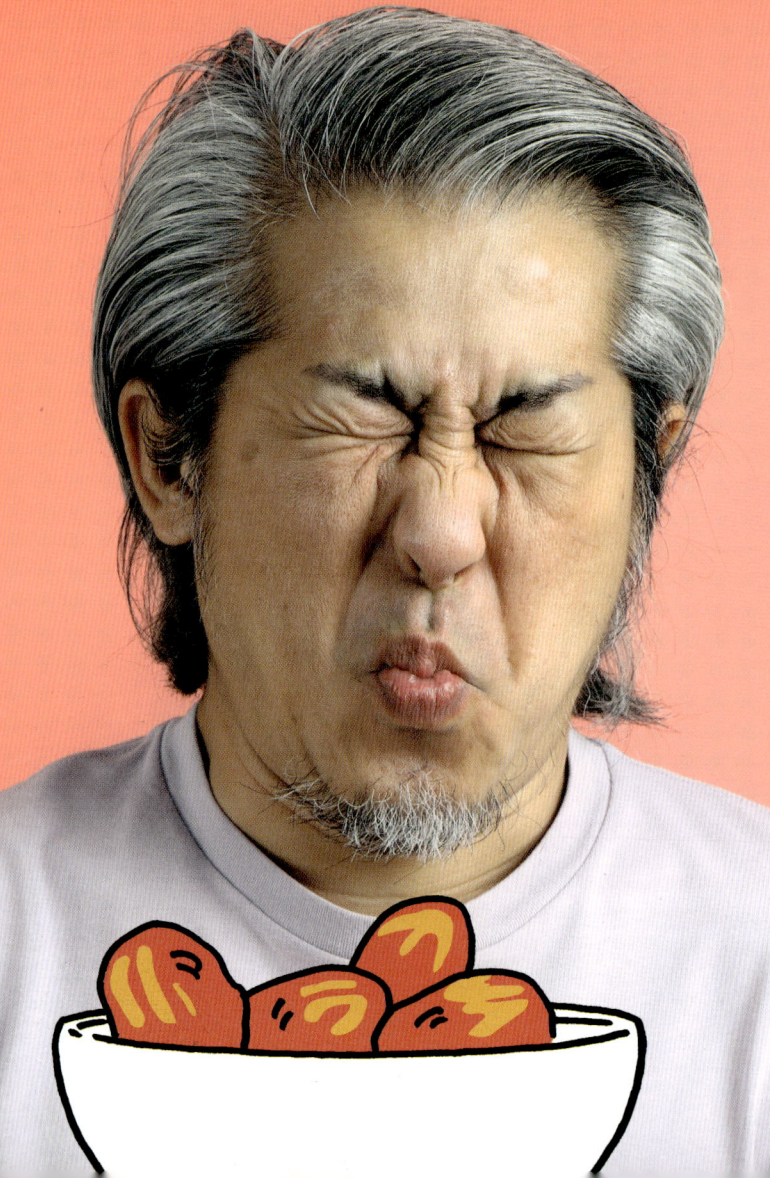

박과 식물인 여주에서 얻은
아주 신맛이 나는 즙
질병을 치료하기도 한다는군….

새콤달콤

멋진 나무들
160쪽으로 가시오.

신 맛 • 91

중국에서는 매년 열리는 겨울 축제 때마다 수천 명의 작업자가 오로지

얼음덩어리로만

높은 성을 만들어...

30쪽으로 가시오.

엄청 뜨거웠겠다!

오만의 고대 나칼 요새에서는 병사들이 **구석에 숨어서** 기다리고 있다가 침입자가 가까이 오면 꿀이나 대추야자즙을 뜨겁게 달군 솥단지를 쏟아부었대.

네덜란드의 어느 모래성 호텔에 방문하면 **벽과 바닥이 모래로 된** 방에서 묵을 수 있어. 도개교와 포탑까지 있다는군.

모래 해변

성 · 95

프랑스 낭트 지방 해안가에는 130미터 길이의

대왕고래는 세상에서 가장 큰 동물이지만 **헤엄**치는 속도는 고작 시속 8킬로미터라고 해.

대왕고래의 턱뼈는 지구에서 가장 큰 동물 뼈야. 스코틀랜드의 어느 마을에서는 이 뼈로 아치형 입구까지 만들었다지.

무려 170만 달러나 하는 '타이탄 제우스' **텔레비전**은 무게가 1톤 남짓이고 화면의 대각선 길이도 9미터나 돼.

어떤 사람이 **텔레비전** 토크쇼에 나와서 1시간 만에 **호박** 109개를 깎아 호박등을 만들었대.

미국에서는 투석기와 공기 대포로 **호박**을 쏘아서 누가 멀리 보내는지 겨루는 국제 **대회**가 열려.

송장헤엄치개는 **헤엄**칠 때면 **등**을 물에 대고 배영을 하지.

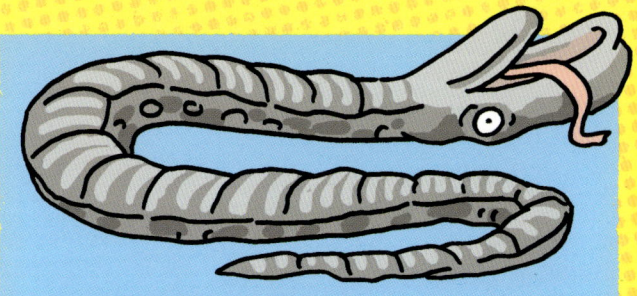

동부돼지코뱀은 위협받으면 몸을 뒤집어 바닥에 **등**을 댄 채로 입을 벌리고 **고약한 냄새**까지 풍긴대. 죽은 걸로 위장해서 포식자를 속이려는 속셈이지.

고약한 냄새가 나는 '리파라집게벌레'라는 **곤충**은 포식자에게 물리면 살점 썩은 내와 똥 냄새를 풍겨.

세상에서 가장 큰 **곤충** 떼는 사막메뚜기 무리야. **무려** 700억 마리가 함께 모여 다니지.

스코틀랜드에서 매년 열리는 골든 리트리버 축제에서는 골든 리트리버와 주인이 한 팀이 되어 참가하는 줄다리기 **대회**가 열린다지.

축제는 신나!

일본의 '가타가이' 축제 때면 지름 700미터가 넘게 솟아오르는 폭발물들로 하늘에 **불꽃놀이**가 펼쳐진대.

단테슈와리 여신을 기념하는 인도의 '바스타 두세라' 축제는 무려 75일 동안 계속되는 **세계에서 가장 긴 축제**지.

별명이 '용의 숨결'인 **드래곤브레스칠리**는 세계에서 가장 매운 고추야. 할라페뇨 고추보다 1,000배쯤 맵다고 생각하면 돼.

세계에서 가장 많이 도난당하는 음식은 **치즈**인데, 전체 치즈의 약 4퍼센트를 누군가 훔쳐 갔다지 뭐야.

바레인의 어느 공장에서 세계에서 가장 큰 **오레오 쿠키**를 만들었어. 일반 오레오보다 6,000배나 더 크다고 해.

이탈리아에서 주로 자라는 **흰서양송로**는 한 개당 최대 33만 달러에 팔린다지 뭐야.

정말 믿음직한! 92쪽으로 가시오.

아주 먼 과거로.

어떤 사람이 똥 화석을 1,277개나 모았대.
그중에서 가장 큰 똥 화석은 선사시대 악어가 눈

강아지 크기만 한 똥

이라지 뭐야.

수집품 • 105

아르겐티노사우루스는 척추뼈 하나가 성인 한 명과 맞먹는 크기래.

영차영차 노를 젓자.

사르코수쿠스는 선사시대에 **공룡을 잡아먹고 살던 악어**인데, 오늘날 고급 요트의 세련된 디자인에 영감을 주었다고 해.

선사시대 생물 • 107

'모나코 거리'라는 이름의 대형 요트는 모나코라는 나라를 모델 삼아서 제작한 **수상 도시**야. 10억 달러나 되는 이 요트는 자동차 경주로까지 갖추고 있다나 봐.

오스트레일리아 시드니의 한 음악가가
기타 모양의 배를
주문했다는군.

기타 줄을 퉁겨라.

배 · 109

황사가 심할 때는 사람의 몸속에 **정전기**가 쌓일 수 있대. 1930년대에 미국에서 대규모 **먼지** 폭풍이 일어났을 때는 사람들이 서로 악수하기만 해도 전기 충격으로 쓰러졌다지.

풍선을 불어서 머리에 문지른 다음 흐르는 **물**에 가까이 대면 **정전기** 때문에 물줄기가 휘어.

아프리카에서는 매년 커다란 **먼지**기둥이 형성되는데, 2020년에는 규모가 어찌나 컸던지 '**고질라** 먼지구름'이라는 별명이 붙었어.

달의 적도에서는 지구의 **물**의 끓는점까지 기온이 올라간대!

거대한 괴수 **고질라**를 만든 사람들은 처음에 도마뱀이 아니라 괴물 **문어**를 생각했대.

아폴로 15호에 실렸던 샤프 **연필**이 **달**에서 돌아온 후 5,000달러에 팔렸다는군.

'시드니문어'라는 **문어** 15마리가 물속에 조개껍데기와 모래로 **도시**를 짓고 그 안에서 서로 소통하며 살았어.

어떤 사람이 색**연필** 2,000개로 실제로 작동하는 전기 기타를 만들었어.

미국 캘리포니아주의 '포트 브래그'라는 **도시**에는 유리 해변이 있어. 오색 빛깔 **유리** 몽돌 수백만 개가 모래와 섞여 있지. 버려진 유리 조각이 조약돌처럼 닳아 버린 거야.

폴란드의 소형 애팔루사인 '봄벨'은 키가 57센티미터도 채 안 되는 세계에서 가장 작은 **말**이야. **그레이하운드**보다도 키가 작지.

그레이하운드는 크리스토퍼 콜럼버스와 함께 **배**를 타고 아메리카 대륙에 처음 도착했어.

고대 페르시아 제국의 황제인 크세르크세스 1세는 군대가 강을 건널 수 있게 676척의 **배**로 거대한 다리를 만들었지.

강을 건너자.

미국 매사추세츠주에서는 1년에 한 번 **자동차**, 비행기, 심지어 **말**이 끄는 역마차 등 옛날 교통수단을 타고 겨루는 경주가 열려.

풍선 월드컵에 참가한 선수들은 풍선을 위로 쳐서 땅에 닿지 않게 해야 해. 가구, 핀볼 기계, 심지어 **자동차** 같은 장애물을 피해 다니면서 말이야.

소림사의 승려 펑페이는 바늘을 아주 세게 던져서 **유리**판에 구멍을 낼 수 있었어. 심지어 그 조각이 반대편 **풍선**을 터트릴 정도였지.

팩트 꼬리 물기 · 111

런던의 타워 브리지를 본떠서 지은 세계에서 가장 큰 레고 조각품에 무려 **580만 개의 블록**이 들어갔대.

장난감 천국으로!

세계에서 가장 긴 다리는

164.8킬로미터 길이의 '단쿤터대교'야.
중국의 상하이와 난징을 잇는 다리지.

다리 · 113

초고속 손놀림을
자랑하는 한 선수가 루빅큐브를 고작 3.13초 만에 풀었어.
역대급 기록이지.

부릉부릉

2,700개가 넘는 다이아몬드로 뒤덮인 최고급

장난감 자동차가

경매장에서 6만 달러에 팔렸다지 뭐야.

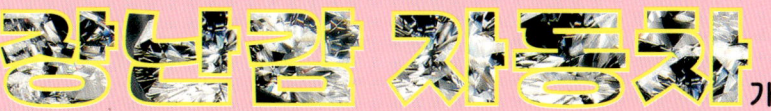

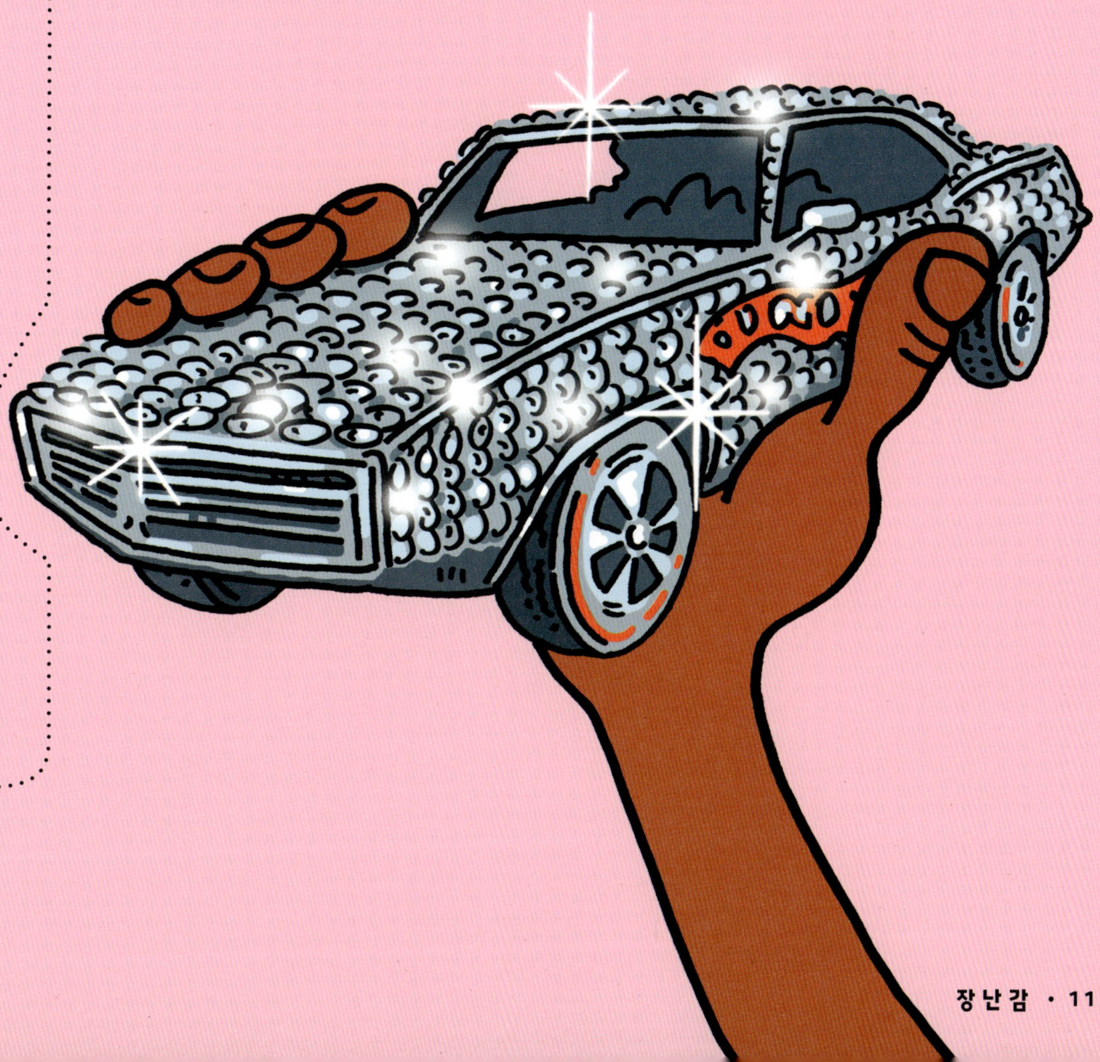

세상에서 가장 긴 자동차는 바퀴가 26개나 달린 30미터짜리 **슈퍼 스트레치 리무진**이야. 최대 75명이 탑승할 수 있고 미니 골프장까지 갖추고 있지.

역사상 가장 작은 자동차의 하나인 '필 P50'은 한 사람이 **겨우 들어갈** 정도로 작아. 바퀴도 세 개뿐이지.

어느 **몬스터 트럭 운전사**가 '메갈로돈'이라는 차를 몰고 다른 몬스터 트럭 8대를 뛰어넘는 기록을 세웠어. 몬스터 트럭은 일반 트럭에 거대한 바퀴를 달아 개조한 차를 말해.

'오로라 스테이션 프로젝트'는 최초의 **고급 우주 호텔** 계획이야.
성공했다면 6인용 숙소 창문에서 매일 일출을 16번씩 볼 수 있었겠지.

광섬유 조명 **5,700개 가닥**이 현을 이루는
바이올린 모양의 수영장을 짓는 데
100만 달러가 들었대.

어떤 대회 참가자가 젓가락만 사용해서 **1분에 엠앤엠즈 초콜릿 65개**를 먹었다지 뭐야.

별코두더지는 사람이 눈 한 번 깜빡일 시간에 먹이를 찾아서 삼킨대. 포유류 중에서는 따라올 자가 없다는군.

큰뒷부리도요새는 매년 멀리 이주하기 전에 몸에 지방을 잔뜩 축적해서 **몸무게가 2배로 늘어나**.

떠날 시간이군.

40쪽으로 가시오.

힘든 여행이겠네.

아프리카의 '누'라는 영양은

사자를 피해 풀을 뜯을 땅과 마실 물을

극제비갈매기는 가장 먼 거리를 이동하는 동물이야. **매년 지구의 한쪽 끝에서 다른 쪽 끝까지** 왕복 3만 2,000킬로미터 이상 이동하거든.

122 • 동물의 이주

찾아다니느라 매년 세렝게티 초원을

크게 돌아 이동하지..

으르렁

한 스리랑카 남성이 **콘크리트** 블록 12개를 **머리**만 사용해서 한 번에 깨뜨렸대.

미국 시애틀의 어느 **다리** 밑에는 거대한 트롤이 있는데, **콘크리트**에 둘러싸인 진짜 폭스바겐 비틀 자동차를 짓누르고 있다는군.

베트남에는 두 개의 거대한 **손** 조각상이 떠받치는 **다리**가 있어. 손 조각상은 유리섬유와 강철로 만들어졌지.

방글라데시의 한 남성은 **테니스공** 14개를 **손**등에 올리고 균형을 잡았다지.

중국에는 **레드우드** 한 그루를 조각해서 만든 거대한 사자상이 있어. 20명이 3년에 걸쳐 만들었지.

플라밍고는 먹이를 먹을 때 물속에 **머리**를 **거꾸로** 집어넣고 퍼 올려.

인간과 달리 박쥐는 **거꾸로** 매달려 있어도 어지러워하지 않아. 박쥐의 몸이 너무 가벼워서 머리로 흐르는 피가 중력의 영향을 받지 않거든.

놀라운 몸

몸집이 가장 큰 공룡에 속하는 티타노사우루스는 **뇌**가 고작 **테니스공** 크기밖에 안 된다나 봐.

어떤 **도롱뇽**은 **뇌**의 일부가 손상되어도 다시 자랄 수 있어.

레드우드는 세계에서 가장 큰 나무이고 '방랑**도롱뇽**'의 집이기도 해. 이 도롱뇽은 나무 꼭대기에 앉아 있다가 몸을 낙하산처럼 이용해 활공할 수 있지.

바다에 사는 삿갓군소붙이는 평생 이빨을 **70만 개** 넘게 가질 수 있대.

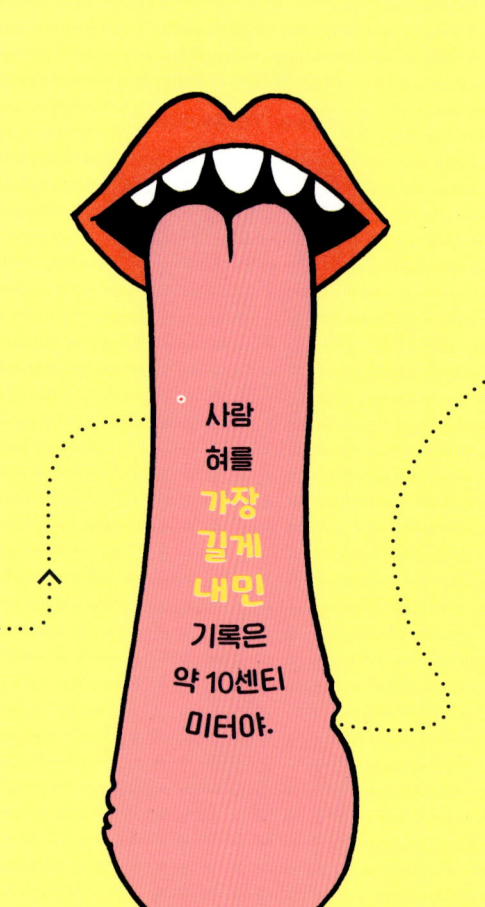

사람 혀를 **가장 길게 내민** 기록은 약 10센티미터야.

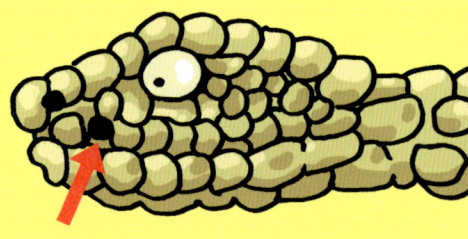

살무사는 코와 눈 사이에 있는 **특별한 기관**을 이용해서 먹잇감의 몸에서 나는 열을 감지해. 그래서 밤에도 사냥할 수 있지.

세계에서 **몸이 가장 유연한** 어떤 사람은 목을 180도 회전해서 자기 바로 뒤에 있는 것을 볼 수 있대. 오죽하면 별명이 '고무 소년'일까.

...파키스탄의 한 남성이 팔꿈치만 사용해서 1분에 **호두 315개**를 깼다는군...

...열대지방의 어느 **날개응애** 종은 자기 몸무게보다 530배 무거운 물체를 끌 수 있어.........

...19세기에 어느 캐나다 장사가 언덕 위로 열차를 밀어 올렸어. 이 사람은 지금까지도 역사상 **가장 힘센 사람**으로 불린다지...

다음 페이지로 이동할까?

힘 · 129

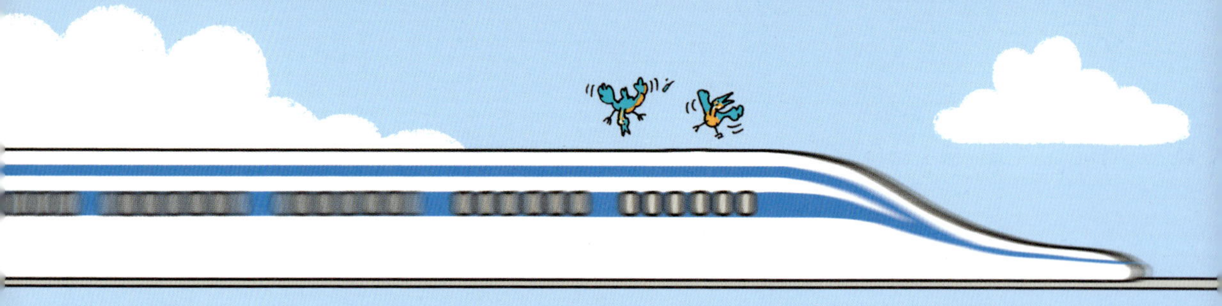

일본의 고속 철도 신칸센의 별명은
긴 코 총알 열차 야.
물총새의 길고 뾰족한 부리에서 착안했는데,
최대 시속 603킬로미터까지 달릴 수 있다는군.

세계에서 가장 긴 기차는 '마운트 골즈워디'라는 별명의 기차로
길이가 7.2킬로미터나 돼. 오스트레일리아 대륙을 가로질러 철광석을 운반하지.

'타이베이 101'은 대만에 있는 101층짜리 고층 건물인데, 내부에 세계에서 가장 빠른 엘리베이터가 있어. 건물 전체를 30초 만에 올라가거나 내려갈 수 있지.

건물 꼭대기에 도착했지.

세계에서 가장 높은 고층 건물은 아랍에미리트의 '부르즈 할리파'야. 828미터짜리 이 건물의 122층에는 굴과 캐비아를 먹을 수 있는 **세계에서 가장 높은 식당**이 있지.

홍콩의 어느 두 마천루의 별명은 **'코알라 빌딩'**이야. 코알라들이 나무를 끌어안고 있는 것 같은 모양새거든.

미국 플로리다주 마이애미에 있는 한 고층 아파트에는 사람이 타는 엘리베이터뿐 아니라 **자동차용 엘리베이터**까지 있어. 그 아파트에 살면 자동차를 탄 채로 엘리베이터에 들어가서 자기 집까지 곧장 올라갈 수 있는 거야.

오른쪽으로 계속

세계에서 가장 높이 있는 놀이기구인 중국의 스카이 드롭은 광저우 타워의 안테나 꼭대기에서 건물 지붕까지 방문객들을 곤두박질치게 하지......

아유, 귀엽겠다.
78쪽으로 가시오.

어느 암벽 등반가가 미국 요세미티 국립공원에 있는 914미터짜리 '엘캐피탄' 등반에 도전했어. 깎아지른 듯한 절벽을 밧줄이나 장비 없이 올라갔는데, **죽음을 무릅쓴 등반**을 4시간 만에 성공했지.

더 높은 곳으로 가 볼까?

매년 에베레스트산 등산 안내자들이 1만 2,700킬로그램 정도 되는 **똥**을 들고 내려와. 아프리카코끼리 수컷 두 마리의 몸무게지.

독수리는 자기 다리에 **똥**과 오줌을 누어. 배설물에 살균 성분이 있어서 배설물로 **다리**에 묻은 썩은 고기의 세균을 제거하는 거야.

지네는 **다리**를 잃어도 다시 자라. 어떤 **지네** 종은 나이를 먹으면서 다리가 더 자라기도 한다니까!

미국 오하이오주 에이번에서 매년 열리는 덕트 **테이프** 축제는 다양한 탈것과 퍼레이드가 특징이야. 강력 접착테이프의 일종인 덕트 테이프만으로 만든 옷을 선보이는 **패션쇼**도 열리지.

매년 오스트레일리아에서 열리는 한 **패션쇼**에서 전문 디자이너들이 19세기부터 오늘날까지 유행한 의상을 **오리**에게 입힌대.

웃음 요가는 스트레스를 풀어 주는 특별한 운동이야.

오리도 고향에 따라 서로 다른 '사투리'로 꽥꽥거려. 낄낄거리는 소리를 내는 오리가 있는가 하면, 고함치는 듯한 **웃음** 소리를 내는 오리도 있지.

미국 유타주의 한 **동굴**에서 과학자들이 1,000년 된 **팝콘** 조각을 발견했다지.

세상에서 가장 큰 **지네**는 **동굴** 벽을 기어올라 천장에 매달려 있다가 지나가는 박쥐를 잡아먹어.

팝콘은 원래 미국 **영화관**에서 시끄럽다는 이유로 금지됐었어. 그러다 1920년대에 유성 영화가 상영되면서 먹을 수 있게 됐지.

'솔 시네마'라는 이동식 **영화관**은 **태양열 발전** 전지로만 작동한다는군.

비행기의 일부 부품은 시속 1,000킬로미터에 가까운 바람에도 버티게끔 만들어진 특수 **테이프**로 고칠 수 있대.

태양열 발전으로 작동하는 어느 **비행기**가 세계 기록 여덟 개를 세웠는데, 그중에는 세계 일주에 성공한 최초의 태양열 비행기라는 기록도 있어.

한 우주비행사가 **요가**를 연습할 때 꼭 띠와 장대를 사용했어. 무중력 상태의 **우주**에서도 제자리에 머물 수 있게 말이야.

우주비행사를 훈련하는 장치에서 영감을 받아 한 회사는 탑승객이 운행 중에 8초 동안 무중력 상태를 경험할 수 있는 롤러코스터를 설계했어.

예하면!

팩트 꼬리 물기

미국 캘리포니아 피스모 비치에서 '피스모'라는 염소가 파도타기를 배우고는 무려 2.7미터 높이의 파도를 탔어.

파도를 느껴 봐.

아프리카코끼리는 동물 중에서 **후각이 가장 뛰어나기로** 유명해. 20킬로미터 떨어진 곳의 물 냄새를 맡을 수 있다니까 말 다 했지.

주민이 24명뿐인 일본의 '나고로'라는 마을에서 한 예술가가 사람들이 외롭지 않게 마을 곳곳에 **사람 크기의 인형 350개**를 설치했어.

독일 함부르크에 있는 한 건물은 외벽 아래에 설치한 패널에서 키우는 **조류를 이용해 전력을 공급**한대.

허리케인 사냥꾼은 특수 설계된 **비행기**를 타고 허리케인 속으로 직접 날아가곤 해. 온도, 기압, 풍속 등을 측정할 수 있는 비행기라서 과학자들이 이 폭풍의 영향력을 알 수 있지.

매년 백상아리가 찾아가는 태평양의 먹이터를 과학자들이 '흰**상어** 카페'라고 이름 지었어.

쿠키커터**상어**는 먹잇감의 몸에 입을 대고 이빨로 동그랗게 잘라서 **쿠키** 모양의 살점을 떼어 내.

한 독일 회사 본부에 걸린 황금 **쿠키** 간판을 쿠키몬스터 복장을 한 누군가가 훔쳐 갔어. 얼마 뒤 그 간판은 그 지역 말 **동상**의 목에 걸려 있는 채로 발견되었지.

'플라잉 팬케이크'는 제2차 세계대전 때 **비행기**인데 몸체가 납작해. 그래서 1940년대에 나왔던 **UFO**(미확인 비행물체) 목격담은 사실 이 비행기를 보고 착각한 것일 수도 있어.

미국 유타주의 외딴 사막에 이상한 금속 기둥이 나타났을 때 사람들은 **UFO**가 그곳에 떨어졌다고 생각했지.

멀고 먼 곳으로!

과거에 미국 정부는 **은** 화합물을 사용해 **허리케인**을 통제하려고 했어.

올림픽 금메달은 사실 대부분 **은**으로 만든다지 뭐야.

불을 끄는 진화 과정은 한때 **올림픽** 종목이었지.

러시아의 어느 놀이동산 근처에 있는 세 머리 용 **동상**은 높이가 15미터나 되고 진짜 **불**을 내뿜어.

팩트 꼬리 물기 · 153

남대서양의 아주 멀리 외떨어진 곳에 '접근할 수 없는 섬'이라는 뜻의 **이낵세시블섬**이 있어. 1800년대 후반에 두 형제가 이 섬에 바다표범을 사냥하러 갔다가 잔뜩 고생만 하고 돌아왔대. 섬의 펭귄들에게 쪼이고 맞기까지 했다지 뭐야.

핏케언섬 박물관에 전시된 난파선 유물을 보려면

...스트롬볼리키오 등대는 티레니아해의 어느 외딴섬

화산
꼭대기에 있어...

엄청난 전시품이군

30시간이나 배를 타고 남태평양을 가로질러 가야 해...

외딴곳 • 155

12쪽으로 가시오.

여기는 산 위에 있어!

이탈리아 북부의 '메스네르 산악 박물관'은 메스네르라는 등산가가 자신의 놀라운 **등반** 기록을 기념하면서 절벽 꼭대기에 지은 건물이야.

카리브해에 있는 '그레나다'라는 나라에는 **수중 조각 공원**이 있어. 물속에 있는 이 공원의 작품을 감상하려면 잠수복을 입고 산소 탱크를 메고 다녀야 하지.

예술 작품 좀 감상해 볼까?

세계에서 가장 큰 동상은 인도에 있는 '통합의 상'이야. 기린 36마리를 높이 세운 것보다도 크지

중국의 예술가 아이웨이웨이는 **1억 개의 작은 도자기 조각**으로 이루어진 예술 작품을 만들었어. 해바라기씨 모양으로 하나하나 색칠했다고 해.

일본 예술가 아즈마 마코토는 헬륨 풍선에 **소나무 분재**를 매달아 우주에 보낸 적이 있어.

누가 나만큼지 않았을까?

저 씨가 다 꽃을 피운다면

82쪽으로 가시오.

예술 · 159

'채플 오크'는 프랑스에 있는 오래된 참나무인데, 줄기 안에 **작은 교회 두 개**가 들어 있어서 그런 이름이 붙었대. 채플은 영어로 교회라는 뜻이거든.

'판도'는 하나의 뿌리에서 자라난 수많은 사시나무로 이루어진 거대한 군락이야. 군락의 뿌리가 40만 제곱미터 이상 뻗어 있는, 지구에서 **가장 무거운 식물**이지.

친칠라는 세상에서

털이 가장 보드라운

동물이야. 모낭 하나에서 많게는 털이 75가닥이나 나오는데, 털에 묻은 먼지나 기름을 제거하려고 모래에서 뒹굴며 목욕한다지

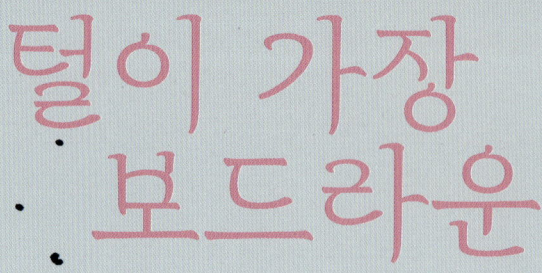

어떤 개 미용사는 며칠이나 시간을 들여
강아지를 플라밍고나 어릿광대처럼 분장해

강아지
몸치장의

수준을 높였다지 뭐야.

예쁘게 보라고?

털 · 163

450만 명의 팔로워를 자랑하는 고양이 '날라'는 소셜 미디어 인플루언서야. 지금까지 1억 3,800만 달러 넘게 벌었다지.

세상에서 가장 값비싼 개 목걸이에는 보석이 **1,600개 넘게** 박혀 있대. 180만 달러나 할 만하지...

보석이 주렁주렁

지금까지 발견된 **가장 큰 다이아몬드**는 '컬리넌 다이아몬드'인데 축구공보다도 무거워.

어느 호화로운 메소포타미아 무덤에서 발견된 여왕의 유골은 **황금과 귀금속**을 걸치고 있었는데, 무게를 모두 합치면 요크셔테리어보다 무겁대.

168 · 신화

누구게요?

...메소포타미아 전설에 따르면 **사자 머리에, 새의 발과 송곳니**를 한 거대한 날씨 괴수가 날씨를 조절하고 도시를 질병에서 지켜 주었대.......

신화 • 169

건물이 극한 날씨에도 견디도록 연구자들은 일반 유리보다 200배 튼튼하고 구부릴 수 있는 **유리**를 개발했어.

고대 중국에서 어떤 사람들은 **다이아몬드**로 의식에 사용하는 돌**도끼**를 광냈다는군.

조지아의 어느 협곡에는 골짜기에 걸쳐진 **유리** 다리가 거대한 **다이아몬드** 모양의 식당을 떠받치고 있지.

공룡 화석을 **우주**에 보낸 적도 있지.

명절 때 밝히는 조명은 과학자들이 **우주**에서 확인할 수 있을 정도로 불**빛**이 무척 환하대.

과학자들이 만든 세상에서 가장 작은 증기 **엔진**은 너비가 사람 **머리카락** 한 가닥의 10분의 1밖에 안 돼.

세계에서 가장 큰 **머리카락** 뭉치를 어느 **소**의 위에서 제거한 적이 있어. 무려 25킬로그램으로 기록을 세웠지.

미국 캘리포니아주 어느 소방서에는 120년 넘게 **빛**을 밝혀 온 전구가 있어. **소방차**에 불이 들어오는지 확인하려고 항상 켜져 있지.

1940년대에 어느 **소방차**에 제트 **엔진**을 달았더니 시속 655킬로미터까지 속도가 올라갔다지 뭐야.

캐나다 뉴브런즈윅주에는 세상에서 가장 큰 **도끼**가 있어. **강철** 50톤으로 만든 이 도끼가 박혀 있는 거대한 나무 그루터기에서 콘서트와 연극이 열리기도 한대.

공룡 스테고사우루스의 꼬리에 **대못**처럼 박혀 있는 네 개의 치명적인 가시를 **공룡**의 '골침'이라고 불러.

'분쇄기'라는 별명의 한 사나이가 고작 1분 만에 14개의 **강철 대못**을 구부리는 기록을 세웠어.

영국의 어느 성에는 중세 시대부터 대대로 야생 **소** 무리가 **성** 주변에 살고 있다는군.

파나마 사람들은 맹독성 황금개구리를 행운의 상징으로 여긴다지.

웬지 운이 좋을 것 같아!

어떤 사람이 플라스틱 병 수천 개로 **성**을 지었어. **파나마**에 있는 이 성에는 침실 네 개와 거실, 심지어 지하 감옥까지 있다는걸?

팩트 꼬리 물기 · 171

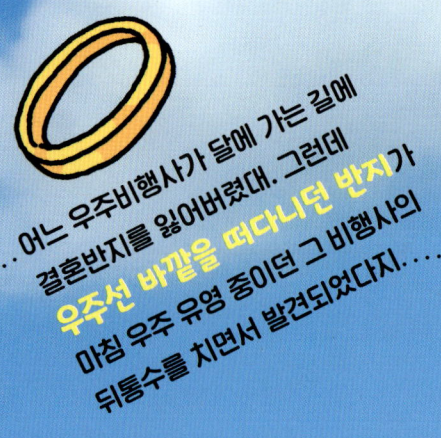

어느 우주비행사가 달에 가는 길에 결혼반지를 잃어버렸대. 그런데 **우주선 바깥을 떠다니던 반지**가 마침 우주 유영 중이던 그 비행사의 뒤통수를 치면서 발견되었다지.

한 영국 과학자가 곰팡이에서 **페니실린**이라는 항생제를 발견하게 된 건 행운이었어. 휴일을 보내고 실험실에 돌아왔더니 그가 키우던 세균을 곰팡이가 죽이고 있었거든.

행운의 **네잎클로버**를 찾을 확률은 1만 분의 1이지만, 어떤 여성이 자기 집 앞뜰에서 하루에 21개나 발견한 적이 있대.

> **열기구**를 타고 영국 해협을 처음 건넌 사람들이 물건을 너무 많이 싣는 바람에 열기구가 추락할 위기에 처했대. 결국 입고 있던 재킷과 바지까지 모두 밖으로 던져 버렸다지.

상대적인 크기를 따졌을 때, 애나스벌새는

전투기보다 빨리 날아!

이 새는 1초에 자기 몸길이의 385배만큼 이동할 수 있거든

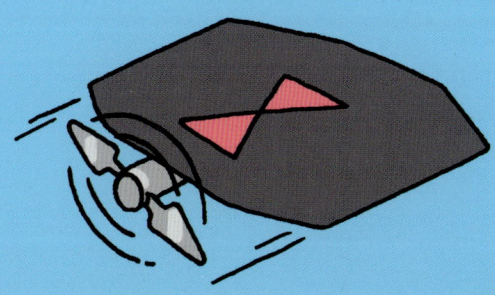

세상에서 **가장 작은 정찰기**는 소형 비디오카메라까지 장착하고도 손바닥 위에 올릴 수 있어

역선 파티를 열자!

대단한 방어술

184쪽으로 가시오.

비행 · 177

꼬마향고래는 천적이 나타나면 **똥을 구름처럼** 퍼트려서 정신없게 만든 다음 재빨리 도망친대.

옛날이 좋았지.

인도 뭄바이 근처의 고대 요새인 '칼라반틴 더그'를 침공하기 위해 적들은 가파른 오르막길과 위험한 **지그재그 계단**을 기어올라야 했어.

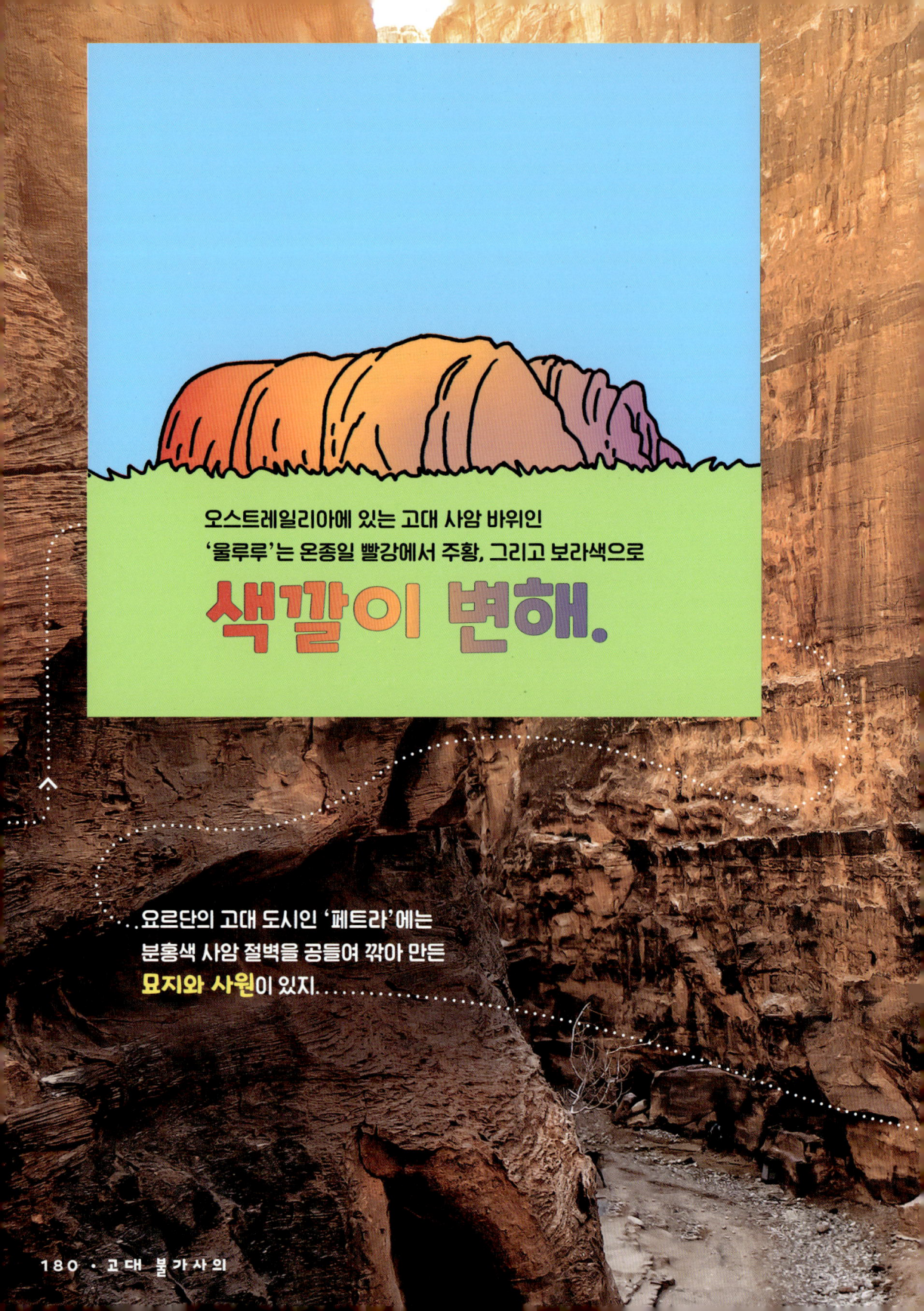

오스트레일리아에 있는 고대 사암 바위인
'울루루'는 온종일 빨강에서 주황, 그리고 보라색으로
색깔이 변해.

요르단의 고대 도시인 '페트라'에는
분홍색 사암 절벽을 공들여 깎아 만든
묘지와 사원이 있지.

와, 멋진 광경이다!

미국 매사추세츠주 링컨이라는 마을에 어느 날 갑자기 각종 **말 장난감**이 원을 그리며 나타났어. 그 모습이 '스톤헨지'와 비슷해서 '포니헨지'라는 별명을 얻었지

벨기에의 고속도로는 지구에서 **가장 밝게 빛나는 장소**로 손꼽혀. 가로등 15만 개에 33만 5,000개의 조명이 달렸지. 어찌나 길이 밝은지 우주에서도 보인다니까.

매년 이탈리아 베네치아에서는 카니발이 열려. 사람들은 의상과 가면을 화려하게 차려입고 축제를 즐기지. 이 축제의 백미는 운하를 따라 벌어지는 곤돌라 퍼레이드야. **종이 반죽으로 만든 쥐가** 등장하고, 등에서 색색의 풍선이 떠오르면 퍼레이드가 시작돼.

둥둥 떠올라라.

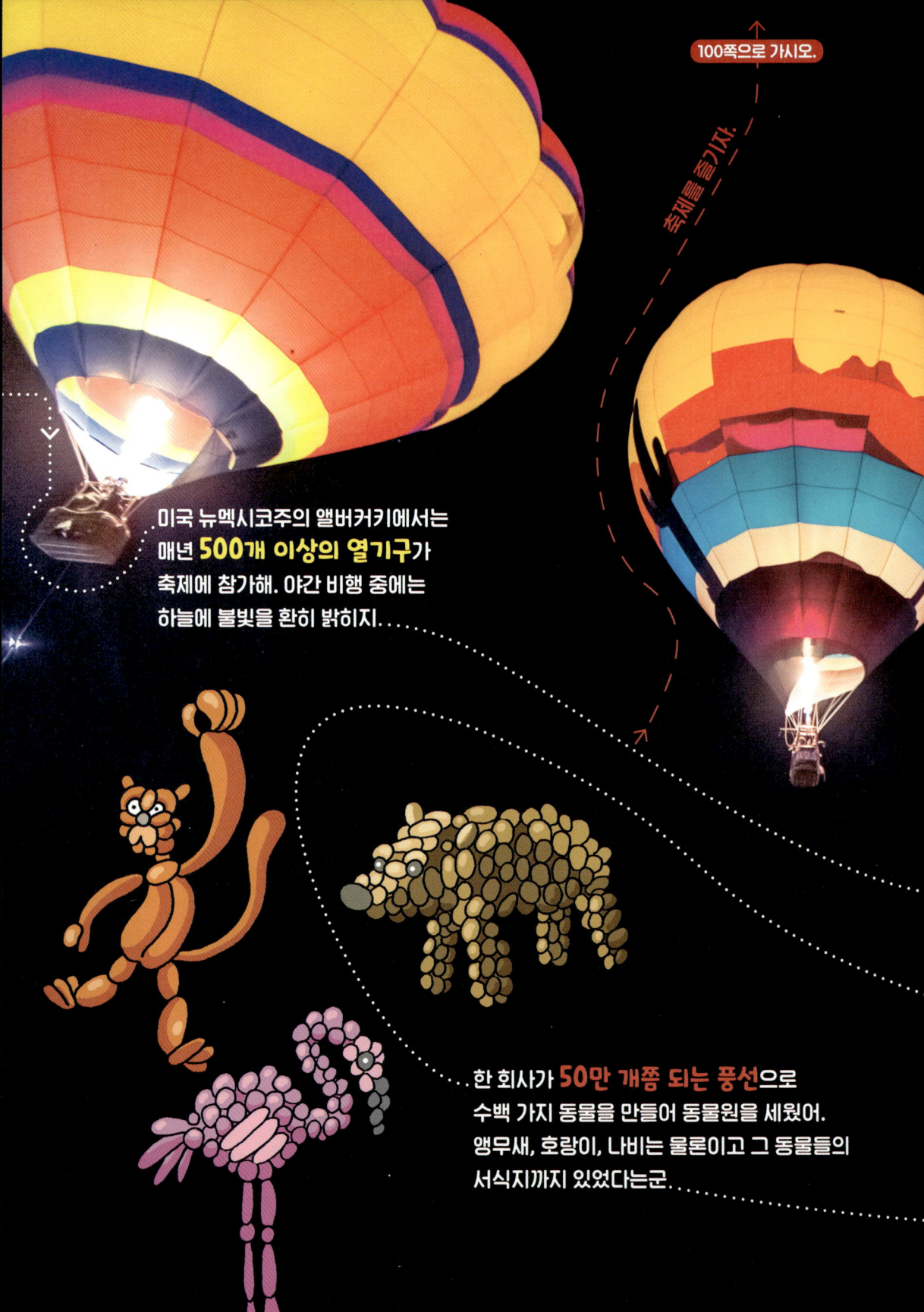

100쪽으로 가시오.

축제를 즐기자.

미국 뉴멕시코주의 앨버커키에서는 매년 **500개 이상의 열기구**가 축제에 참가해. 야간 비행 중에는 하늘에 불빛을 환히 밝히지.

한 회사가 **50만 개쯤 되는 풍선**으로 수백 가지 동물을 만들어 동물원을 세웠어. 앵무새, 호랑이, 나비는 물론이고 그 동물들의 서식지까지 있었다는군.

어느 해에 영국 런던에서 만우절 장난으로 하늘에 UFO 모양의 열기구를 띄웠는데, 사람들이 **외계인을 목격**했다고 신고했다지 뭐야.

동물원에 가 볼까?

풍선과 열기구 • 185

미국 시카고에 있는 한 쇼핑몰에는 미로를 통과해야지만 들어갈 수 있어. 화장실에 가려면 미로를 통과해야지만 들어갈 수 있어.

하와이 오아후섬의 '파인애플 가든 미로'는 1만 4,000그루의 하와이 토종 식물로 이루어져 있어. 미로 한가운데가 **파인애플** 모양이라지.

허리케인이 오면 미국 플로리다주의 마이애미 동물원에서는 플라밍고들을 **화장실**에 들여보내 안전하게 보호한대.

러시아 모스크바의 어느 공원에는 수많은 커플이 **자물쇠** 수천 개를 나뭇잎처럼 매단 철제 **나무**가 있지. 사랑의 상징이라나.

케이폭**나무**는 **열대우림**에서 제일 큰 나무인데 매년 키가 4미터씩 자라.

남아프리카공화국에 세계에서 가장 큰 **파인애플** 모양의 건물이 있어. 이 상큼한 과일이 가져다준 풍요를 기념하는 **박물관**이래.

영국의 리즈 성에 있는 **박물관**은 **개 목걸이**만 전시하고 있다나 봐.

18세기 북아메리카에서는 **개 목걸이**에 주인만 열 수 있는 **자물쇠**가 달려 있기도 했어.

1964년에 B-52 **비행기**가 미국 뉴멕시코주 상공에서 격렬한 난기류를 만나 꼬리날개가 통째로 뜯겨 나갔지만 6시간 뒤에 무사히 착륙했어.

코스타리카 **열대우림**에는 진짜 **비행기**로 만든 나무 위의 집이 있지. 그곳에서 큰부리새, 원숭이 등 야생동물에 둘러싸여 지낼 수 있다는군.

스테고우로스는 칠레 남부에서 발견된
갑옷 입은 공룡 인데,
꼬리에 칼날 같은 뼛조각이 달렸다는군.

몸을 보호하자.

158쪽으로 가시오.

겁쟁이를 만나 볼까?

캐나다 캘거리의 한 예술가가 **고양이와 쥐**를 위한 갑옷을 만들었어.

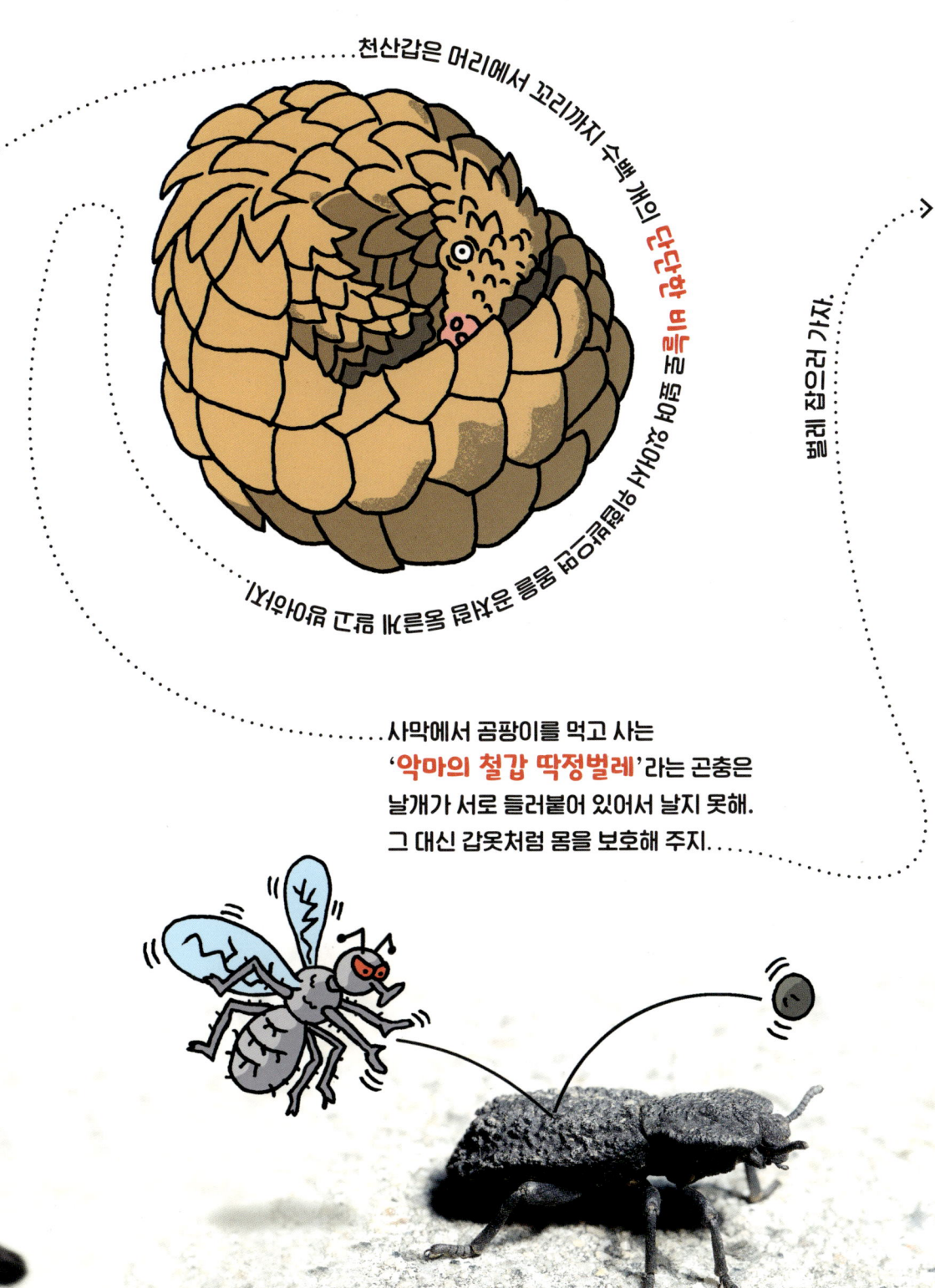

천산갑은 머리에서 꼬리까지 수백 개의 **단단한 비늘**로 덮여 있어서 몸을 공처럼 동그랗게 말면 아무도 뚫지 못하지.

벌레 잡으러 가자.

사막에서 곰팡이를 먹고 사는 **'악마의 철갑 딱정벌레'**라는 곤충은 날개가 서로 들러붙어 있어서 날지 못해. 그 대신 갑옷처럼 몸을 보호해 주지.

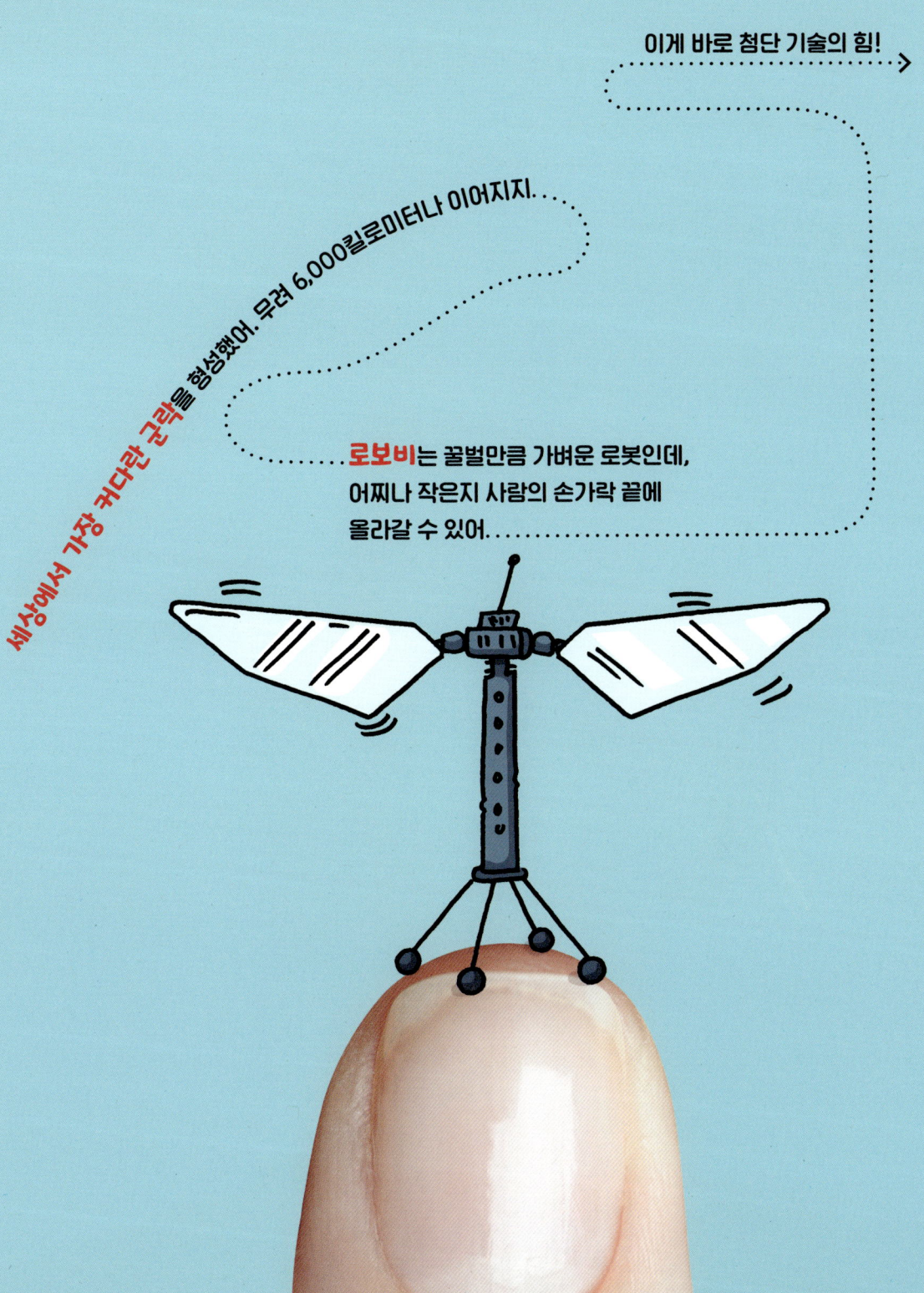

세상에서 가장 커다란 길을 형성했어. 무려 6,000킬로미터나 이어지지...

로보비는 꿀벌만큼 가벼운 로봇인데, 어찌나 작은지 사람의 손가락 끝에 올라갈 수 있어...

이게 바로 첨단 기술의 힘!

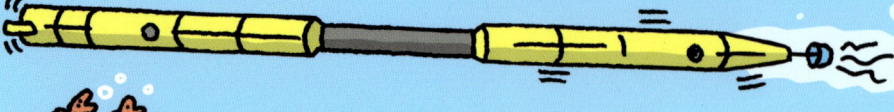

대형 연필 모양의 로봇이 남극에서 빙하가 녹는 과정을 감시하고 있지.

64쪽으로 가시오.

너무 추울 텐데.

'소피아'는 **인공지능**을 사용해 초상화도 그릴 수 있는 휴머노이드 로봇이야. 사우디아라비아에서는 시민권도 받았다는군.

......어느 대학의 연구자들이 **재활용 쓰레기를 구분하는** 로봇을 개발했어. 물체를 잡기만 해도 그게 종이인지, 금속인지, 플라스틱인지 감지할 수 있대.......

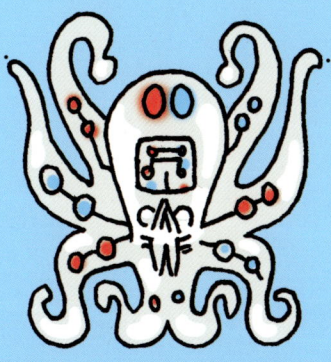

......세상에서 가장 부드러운 로봇은 '옥토봇'이야. 바다 생물 같은 생김새에 **여덟 개의 다리와 촉수**가 달렸지. 일부는 3D 프린터로 제작했다나 봐.......

사람들은 1년에 **800억 벌**이 넘는 나무젓가락을 버리고 있어.
그래서 어떤 회사에서는 식당에서 사용한 나무젓가락을 모아서 가구로 변신시키고 있지.

196 • 재활용

·····> ···· 중국의 마카오 타워 꼭대기에서는 **세계에서 가장 높은 번지점프**를 할 수 있어. 지상 76층에서 떨어져 6초 동안 자유낙하를 경험한대. 자유낙하는 물체가 밀거나 당기는 힘 없이 중력으로만 떨어지는 걸 말해.

찾아보기

ㄱ

가구 111, 196
가로등 182
가시 23, 171
가위 31
가타카이 축제 100
갑옷 189, 190-1
갑옷딱쥐 127
개 39, 42, 55, 76, 99, 111, 147, 163, 165
개 목걸이 165, 187
개구리 46, 171
개미 44, 178, 192-3
거대땅늘보 57
거대한 날씨 괴수 169
거북 58, 68
거울 173, 174-5
검 32-3
검은송로버섯 92
검치호랑이 76
결혼반지 172
고고학자 76
고대 그리스 174-5
고대 로마 173
고대 이집트 167
고래 11, 24, 98, 179
고무 소년 126
고블린 66
고양이 76, 164-5, 190
고양이 날라 165
고질라 먼지구름 110
고추 57, 102
고층 건물 131, 132-3, 197
곤돌라 퍼레이드 183
곤충 44, 88, 99, 120, 191, 192-3

곤충 떼 99
골침 171
공룡 56-7, 106-7, 125, 170-1, 189
공중제비 58
공포의 탑 140
과일 103, 187
광저우 타워 133
구름 15, 36, 110, 179
국제 우주 정거장 75
귀여운 공격성 79
그랜드 캐니언 66, 135
그레나다 157
그레이엄 수 74-5
그레이트 트레일 40
그레이트배리어리프 77
그레이하운드 111
극제비갈매기 122
극한 다림질 62
기린 42, 158
기차 129, 130
기침 83
기타 109, 110
긴 코 총알 열차 130
꼬리 42, 171, 188-9, 191
꼬리감는원숭이 51
꼬마향고래 179
꿀단지개미 192
꿀벌부채명나방 24

ㄴ

나무늘보 57
나방 24
나이아가라 폭포 134
나칼 요새 95
날개응애 129
날씨 14-5, 169, 170
남극 194
남대서양 154
남아프리카공화국 187
남태평양 154-5
냄새 35, 36-7, 43, 99, 144

네덜란드 95
네온색 68
네잎클로버 172
노인의 수염 161
놀이기구 133, 139, 140-1
뇌 26, 78, 125
누 122-3
눈(날씨) 15, 16-7, 63
눈(신체) 52, 77, 79, 126, 145
눈 조각 16
눈보라 15
눈삽 경주 63
뉴멕시코주 184, 187
뉴질랜드 25, 87
뉴허라이즌스 48
늘보 57

ㄷ

다리(건축물) 56, 111, 112-3, 124, 170
다리(신체) 138, 195
다마스쿠스 검 32
다이아몬드 115, 166, 170
달 19, 20-1, 66, 77, 110, 172
달리기 22
달의 계곡 21
달팽이 26-7, 28
당근 120
대만 131
대왕고래 98
대형 강입자 충돌기 30
덕트 테이프 138
데스밸리 22
도가머리땅다람쥐 188
도끼 170-1
도난 102
도롱뇽 52, 125
도르카스가젤 22
도마뱀 57, 110
도자기 159
독수리 138
독일 37, 76, 146, 152

동굴 51, 52-3, 139
동굴도롱뇽붙이 52
동굴학자 51
동물원 184, 186
동부돼지코뱀 99
동상 152-3, 158
돼지 173
두바이 92
둥지 57
드래곤브레스칠리 102
등대 155
등산(등반) 41, 137-8, 148, 156
DNA 검사 147
딱따구리 57
똥 27-8, 36, 42-3, 57, 85, 99, 105, 138, 147, 179

#

라 토마티나 101
래프트 150
러시아 64, 82, 153, 186
레고 112
레드우드 124-5
레이더 26-7
로보비 193
로봇 26, 77, 193, 194-5
롤러코스터 139
루마니아 76
루바브 89
루빅큐브 114
리무진 116
리즈 성 187
리파라집게벌레 99
림보 56

ㅁ

마리아나 해구 9
마야 93
마우나로아산 60-1
마우이섬 24

마이애미 동물원 186
마카오 타워 198
만우절 185
말(동물) 111, 151-2, 182
말미잘 58
망치머리박쥐 76
머리카락 32, 170
먼지 폭풍 110
메갈로돈 116
메달 153
메소포타미아 166, 169
메스네르 산악 박물관 156
멕시코 93
모기 37
모나코 108
모나코 거리 108
모래성 호텔 95
모르포나비 24
모자 76
모터사이클 104, 135
모하비 사막 175
목 42, 126, 152, 167
목걸이 76, 165, 187
목성 20
몬스터 트럭 116
몸치장 163
몽돌 110
문어 43, 110
물놀이장 56
물총새 130
미라 167
미로 186-7
미생물 28-9
미확인 비행물체(UFO) 153, 185

#

바늘 27, 111
바다거북 68
바다뱀 96-7
바다전갈 42
바다코끼리 65

바람 26, 139
바레인 102
바스타 두세라 100
바위 32, 54, 180
바이올린 118
바하마 141
박물관 154, 156-7, 187
박쥐 43, 76, 125, 139
반짝이 27
발톱 33, 178
방글라데시 124
배(탈것) 10, 87, 109, 111, 154-5, 175
배꼽 46
백상아리 35, 152
백선 83
밴타블랙 70
뱀 88, 99
번개(벼락) 14, 77, 83
번지점프 198
벌 57, 193
벌새 120, 177
법 147, 148-9
벙커 56
베네치아 183
베트남 124
벨기에 182
별 19, 30, 42, 117
별코두더지 43, 121
보석(귀금속) 165, 166-7
부르즈 할리파 132
부츠 39
북극 26, 65
북극곰 26
북아일랜드 54
분개구리밥 83
분쇄기 171
분재 159
불꽃놀이 100
붉은배빗해파리 27
브라질 53, 56
비 15, 67, 83
비늘 191

B-52 비행기 187
비행기(전투기) 51, 72, 111, 139, 152-3, 175, 177, 187
빅풋 149
뼈(유골) 57, 76, 96-7, 98, 106-7, 127, 166

사랑 56, 186
사르코수쿠스 107
사막 21, 22-3, 62, 153, 175, 191
사막꿩 22
사막메뚜기 99
사막전갈 43
사비왜소땃쥐 47
사시나무 160
사우디아라비아 194
사원 141, 180
사자 106, 122-4, 169
사탕 173
사하라 사막 20
산림 소방대원 51
산불 51
산호 77, 151
살무사 126
삼화뱀무 89
삿갓군소불이 126
상어 35, 77, 141, 152
상자해파리 35
새해 173
색깔 43, 145, 180
샤나이 팀피쉬카 43
선인장 23
성 93-5, 171, 187
성게 145
세계 쐐기풀 먹기 대회 88
세균 43, 138, 172
세렝게티 122-3
소 170-1
소리(소음) 17, 24-5, 138
소방차 170

소셜 미디어 165
소피아 194
송장헤엄치개 99
수란데이지 83
수박 128
수영(헤엄) 98-9, 136
수영장 56, 118
수족관 141
수중 스쿠터 151
수중 조각 공원 157
수중 호텔 51
스리랑카 124
스위스 148
스카이 드롭 133
스카이 다이버 134
스코틀랜드 54, 98-9
스쿠버 다이버 51-2, 151
스테고사우루스 171
스테고우로스 189
스트레스 138
스티커 103
스페인 76, 101
슬로바키아 117
시드니문어 110
식당 132, 170, 186, 196
식충식물 88
신발(운동화) 38-9
신칸센 130
신화(전설) 13, 54, 168-9
심장 47, 65
쐐기풀 88
씨앗 57, 82, 89

아기 77, 79
아르젠티노사우루스 106-7
아르마딜로 178
아마존 우림 42-3, 44-5
아마존강 44-5, 136
아보카도 57
아이스크림 92

아이슬란드 119
아즈마 마코토 159
아즈텍족 57, 83
아폴로 15호 110
아프리카 43, 110, 122-3
아프리카코끼리 138, 144
악마의 철갑 딱정벌레 191
악어 34, 45, 105, 107
안경원숭이 77
안데스의 여왕 81
알(달걀) 36, 77, 83-5
암산 48
애나스벌새 177
양귀비 42
얼음 21, 65, 66, 94
에메랄드 167
에베레스트산 9, 138
에피오르니스 84
엘리베이터 42, 131, 133
엘캐피탄 137
엠앤엠즈 43, 121
여주 91
연 26
연필 110, 194
열기구 176, 184-5
열대 저기압 14
열수구 31
염소 143
영국 해협 176
영혼 173
영화관 56, 139
예쁜 턱 56
옛날 교통수단 111
오레오 102
오로라 스테이션 프로젝트 118
오리 85, 138
오만 95
오스트레일리아 27, 43, 83, 109, 128, 130, 138, 140, 180
오이먀콘 64
오줌 22, 138

202 · 찾아보기

옥토봇 195
올림픽 153
올빼미 71
완보동물 28, 86
왕관 76
외줄타기 60, 134
요가 138-9
요트 107-8
용 153
용암류 30
우메보시 90
우주 호텔 118
우주비행사 75, 139, 172
우주선(탐사선) 48, 67, 172
운석 19, 55
울루루 180
웃음 138
워터슬라이드 56, 141
월리스거인꿀벌 57
웨딩 케이크 93
유리 110-1, 170, 197
유명인 77
은 153
음식 57, 101, 102-3
의자에 오래 앉아 있기 62
이낵세시블섬 154
이란 15
이빨 32, 76, 126, 152
이오 20
이주 121, 122-3
이탈리아 59, 77, 102, 147, 156, 183
인공지능 26, 194
인도 39, 100, 158, 179
인도네시아 18
인형 43, 146
일본 17, 42, 90, 100, 130, 146, 159

ㅈ

자동차 14-5, 40, 48, 108, 111, 115-7, 124, 133
자물쇠 56, 186-7

자심목 42
자이언츠 코즈웨이 54
자이언트웨타 120
작은개미핥기 36
잠 13, 42, 77
장난감 112, 114-5, 182
장사 129
재활용 195, 196-7
전갈 42-3
전기 26, 42, 67, 110
전력 생산 145-6
전선 15, 50
전파 신호 67
절벽 13, 137, 156, 180
젓가락 121, 196
정전기 110
정찰기 177
제트 엔진 170
조각상 96-7, 124
조류 146
조지아 170
종유석 53
주택 26-7, 42
줄다리기 99
중국 41, 94, 113, 124, 133, 159, 170, 198-9
쥐 183, 190
증기 엔진 170
지갑 76
지구 26, 40, 42, 66, 86, 110, 122
지네 138-9
지의류 161
지진 17
진화 153
질병 91, 169

ㅊ

창문 49, 118
채플 오크 160
챌린저 심연 9
척추뼈 106-7, 127

천산갑 191
천수국 83
천왕성 36, 65
철 32, 67, 124, 130, 171, 186
청설모 82
초신성 30
초저주파음 26
초콜릿 43, 93, 121
촉수 35, 195
총알개미 44
치즈 21, 63, 77, 102
친칠라 162
칠레 21, 189
침 64
침입 76, 95, 179

ㅋ

카니발 183
카메라 177
카이만악어 45
카카포 25
캐나다 13, 40, 42, 129, 171, 190
캠핑 13
캥거루 63, 80
컬리넌 다이아몬드 166
케이블 42, 50
케이폭나무 186
코끼리 56, 138, 144
코브라백합 88
코스타리카 55, 187
코알라 빌딩 132
콘크리트 124
쿠키 102, 152
쿠키커터상어 152
쿼카 78
크리스토퍼 콜럼버스 111
크세르크세스 1세 111
큰가시연꽃 44
큰뒷부리도요새 121
큰부리새 44, 187
큰수달 45

찾아보기 · 203

ㅌ

타워 브리지 112
타이베이 101 131
타조공룡 106
타조알 85
탐보라산 18
태국 52
태양열 발전 139
태평양 152
터콰이즈킬리피시 81
턱 34, 57, 98
털 162-3, 188
텅스텐 31
테니스공 77, 124-5
테이프 138-9
테일러 스위프트 164
텔레비전 98
토네이도 앨리 14
토르산 13
토마토 77, 101
토성 67
통합의 상 158
투석기 98
트럭 93, 116
트롤 124
티레니아해 155
티타노사우루스 125

ㅍ

파나마 171
파도 142-3
파란고리문어 43
파워보킹 63
파인애플 186-7
파인애플 가든 미로 186
판다 46
팝콘 139
패션쇼 138
펌페이 111

페니실린 172
페럿 50
페트라 180
포니헨지 182
폭발 10, 17, 18-9, 30, 59, 100
폭포 카약 150
폭풍 14-5, 26, 152
폼페이벌레 31
풍선 110-1, 159, 183, 184
풍선 월드컵 111
프랑스 56, 73, 96-7, 160
프레디(열대 저기압) 14
플라밍고 125, 163, 186
플라스틱 171, 195, 196
플라이보드 150
플라잉 팬케이크 153
플래닛 워커 40
플랭크 자세 128
피 35, 125, 188
피그미마모셋 45
피냐타 43
피라냐 136
피스모 143
피자 20, 51, 76-7
필 P50 116
핏케언섬 박물관 154-5

ㅎ

하마 19, 128
하와이 24, 30, 60-1, 186
핫소스 57
해바라기씨 159
해산 11
해왕성 26
해파리 27, 35, 77
해파리 스프라이트 77
햄버거 104, 120
행성 65, 66-7
행운 171, 172-3
허리케인 152-3, 186
허벅지 128

혀 57, 126
혈관 44
협곡 66, 135, 170
호두 129
호박(광물) 57
호박(채소) 98, 128
호박등 98
호버보드 73
호스 서핑 151
호아친 36
호텔 42, 51, 95, 118
혹등고래 11
홍콩 132
화산 18, 20, 30-1, 59, 60-1, 87, 119, 155
화석 32, 43, 105, 170
화성 16, 51, 66
화식조 33
화장실 75, 186
황금 76, 92, 152, 166, 171
회색관두루미 76
휴머노이드 로봇 194
흑곰 76
흰서양송로 102

팩토피아를 만든 사람들

로즈 데이비드슨 글
미국 오하이오주 신시내티에 사는 작가이자 편집자입니다. 어린이책을 여러 권 썼고 특히 야생동물의 행동이나 경이로운 자연 이야기를 좋아해요. 이 책을 쓰는 동안 야생동물, 우주, 역사, 기술, 음식 등 개인적으로 제일 좋아하는 분야를 비롯해 다양한 주제를 조사하면서 아주 즐거웠답니다. 단 음식을 정말 좋아하다 보니 농구 골대보다 커다란 아이스크림콘이 있다는 사실에 몹시 들떴죠.

앤디 스미스 그림
수상 경력이 있는 일러스트레이터입니다. 런던 왕립예술대학교를 졸업했으며 낙천적이고 따뜻한 손길이 느껴지는 작품을 만들고 있죠. 이 책에 들어갈 그림을 그리면서 기타 모양의 배부터 우주에서 뛰어내린 스카이다이버까지 기상천외한 사실들을 접하고 깜짝 놀랐답니다! 토마토를 워낙 좋아해서 세계에서 가장 큰 규모의 토마토 던지기 축제인 라 토마티나 이야기가 제일 좋았어요.

로렌스 모튼 디자인
영국 서퍽에 살고 있는 예술감독이자 디자이너입니다. 디자인하는 걸 좋아하고 펑크 밴드 포스터에서 패션 잡지와 요리책까지 두루 작업하고 있죠. 이 책에서는 요세미티 국립공원의 절벽에 올라가는 이야기에 제일 신났고, 피라냐가 우글거리는 물속에서 헤엄치는 이야기는 오싹했답니다. 멋진 불꽃놀이 장면을 좋아해서 일본의 가타카이 축제 때 터트린다는 거대한 불꽃놀이 이야기가 가장 즐거웠어요.

조은영 옮김
어려운 과학책은 쉽게, 쉬운 과학책은 재미있게 옮기려는 번역가입니다. 서울대학교 생물학과를 졸업하고, 서울대학교 천연물과학대학원과 미국 조지아대학교 식물학과에서 공부했습니다. 이 책을 옮기면서 이탈리아 카프리섬에서는 길거리에 똥을 싸고 그냥 가 버린 개를 DNA 검사로 찾아낸다는 사실이 제일 신기했어요. 《멸망한 세계에서 우리가 나비를 쫓는 이유》, 《이상한 몸 박물관》, 《파브르 식물기》, 《새들의 방식》, 《이토록 멋진 곤충》, 《10퍼센트 인간》 등을 옮겼습니다.

참고 자료

과학자, 역사학자를 비롯한 전문가들은 항상 새로운 사실을 발견하고 정보를 업데이트합니다. 팩토피아 팀은 믿을 만한 자료에 근거해 이 책에 나오는 모든 사실을 거듭 확인했습니다. 브리태니커 사실 확인 팀에도 확인을 받았습니다. 이 책을 쓰는 데 사용된 수백 가지 참고 자료 중에 중요한 몇 가지 웹사이트를 소개합니다.

언론사
가디언 theguardian.com
내셔널 지오그래픽 nationalgeographic.com
내셔널 지오그래픽 협회 nationalgeographic.org
내셔널 퍼블릭 라디오 npr.org
뉴사이언티스트 newscientist.com
뉴욕 타임스 nytimes.com
데일리 메일 dailymail.co.uk
디스커버 매거진 discovermagazine.com
라이브 사이언스 livescience.com
복스 vox.com
비즈니스 인사이더 businessinsider.com
사이언스 뉴스 sciencenews.org
사이언스 다이렉트 sciencedirect.com
사이언스 데일리 sciencedaily.com
사이언스 얼럿 sciencealert.com
사이언스 포커스 sciencefocus.com
어스스카이 earthsky.org
와이어드 wired.com
워싱턴 포스트 washingtonpost.com
컨데 나스트 트래블러 cntraveler.com
AP 통신 apnews.com
BBC 뉴스 bbc.com
BBC 어스 bbcearth.com
CNN 뉴스 cnn.com
PBS 방송국 pbs.org
USA 투데이 usatoday.com

정부, 과학 단체, 학술 단체
나사 제트추진연구소 jpl.nasa.gov
네이처 nature.org
리키 재단 leakeyfoundation.org
미국 국립 공원 시스템 nps.gov
미국 산림청 fs.usda.gov
미국 지질조사국 usgs.gov
미국 항공우주국 nasa.gov
미국 해양대기청 noaa.gov
미국국립과학원회보 pnas.org
브리태니커 백과사전 britannica.com
브리태니커 키즈 kids.britannica.com
유레크얼러트 eurekalert.org
피지컬 리뷰 journals.aps.org

박물관과 동물원
몬터레이만 아쿠아리움 montereybayaquarium.org
샌디에이고 동물원 animals.sandiegozoo.org
스미스소니언 매거진 smithsonianmag.com
스미스소니언 협회 si.edu
영국 국립 자연사 박물관 nhm.ac.uk
휫비 박물관 whitbymuseum.org.uk

대학
미주리 대학교 통합 해충 관리 ipm.missouri.edu
버클리 대학교 고생물학 박물관 ucmp.berkeley.edu
위스콘신 대학교 원예학과 hort.extension.wisc.edu
플로리다 대학교 ufl.edu

기타
기네스 세계 기록 guinnessworldrecords.com
뉴아틀라스 newatlas.com
디스커버 와일드라이프 discoverwildlife.com
레드불 redbull.com
론리 플래닛 lonelyplanet.com
리플리의 믿거나 말거나 ripleys.com
멘탈 플로스 mentalfloss.com
모던 파머 modernfarmer.com
사이언스 ABC scienceabc.com
사이언스 프라이데이 sciencefriday.com
스페이스 space.com
스프루스 thespruce.com
아틀라스 옵스큐라 atlasobscura.com
캐나다 방송 협회 cbc.ca
컨버세이션 theconversation.com
CNET cnet.com

사진 및 그림 출처

이 책에서 사진과 삽화를 사용하도록 허락해 주신 아래의 모든 분께 감사드립니다.

위(t), 왼쪽(l), 오른쪽(r), 가운데(c), 아래(b)

Cover Images: hippopotamus–GlobalP/iStockphoto; pygmy marmoset–Canaplus_M.Faba/iStockphoto p.3 Marat Musabirov/iStockphoto; p.6 Zhenikeyev/iStockphoto; p.9 Marti Bug Catcher/Shutterstock; pp.10-11 Nastco/iStockphoto; pp.12-13 Cavan Images/Alamy; p.14 Cultura Creative Ltd/Alamy; pp.16-17 Arina P Habich/Shutterstock; p.19 parameter/iStockphoto; p.20 NASA; p.21 Leamus/iStockphoto; p.22 Nadia Uyoung/Shutterstock; p.23 Eric Mischke/iStockphoto; p.24 SeanXu//iStockphoto; p.25 NASA/GRC/Christopher Lynch; p.26 dagsjo/iStockphoto; p.28 dottedhippo/iStockphoto; p.29 zorazhung/iStockphoto; p.30 xenotar/iStockphoto; p.32 (silk) AlexeyVs/iStockphoto; p.32 (stones) Azure-Dragon/iStockphoto; p.34 robynmac/iStockphoto; p.36 incrediVFX/iStockphoto; p.37 Jun/iStockphoto; p.39t motimeiri/iStockphoto; p.39c&b Parinya_romeo61/iStockphoto; p.40 Thomas Worsley/Alamy; p.41 Jatuphot Phuatawee/Alamy; p.44 Pelikh Alexey/Shutterstock; p.45 Canaplus_M.Faba/iStockphoto; p.46 Zhenikeyev/iStockphoto; p.49 Pavliha/iStockphoto; p.50 undefined undefined/iStockphoto; p.52 BIOSPHOTO/Alamy; pp.54-55 mammuth/iStockphoto; p.57 GregD/Shutterstock; p.58 efks/iStockphoto; p.59 maudanros/Shutterstock; pp.60-61 Wirestock Creators/Shutterstock; p.62 JaviJ/iStockphoto; p.64 Alex Kova/Alamy; p.65 FlashMovie/iStockphoto; p.66 SciePro/Shutterstock; p.67 Nerthuz/iStockphoto; p.71 Rudmer Zwerver/Shutterstock; pp.72-73 Athena345T/iStockphoto; pp.74-75 sololos/iStockphoto; p.75 NASA; p.78 Sahara Frost/Shutterstock; p.79 321photography/iStockphoto; p.80 Westend61 GmbH/Alamy; p.85t HUNG CHIN LIU/iStockphoto; p.85b djgis/Shutterstock; pp.86-87 spooh/iStockphoto; p.88 scisettialfio/iStockphoto; p.89t Obatala photography/Shutterstock; p.89b Rajesh A/iStockphoto; p.90 kimberrywood/Shutterstock; p.92 unalozmen/iStockphoto; p.93 Lalocracio/iStockphoto; pp.94-95 Haovo Wang/Shutterstock; pp.96-97 Hemis/Alamy; p.99 Jennifer Watson/iStockphoto; p.100 Alfo Co.Ltd/Alamy; p.102c gaffera/iStockphoto; p.102b bembodesign/iStockphoto; p.103t julichka/iStockphoto; p.103b Asergieiev/iStockphoto; p.104 baona/iStockphoto; p.106 ULADZIMIR ZGURSKI/iStockphoto; p.108 Bim/iStockphoto; p.109 BrianSantlebury/iStockphoto; pp.112-113 Imaginechina Limited/Alamy; pp.116-117 bjdlzx/iStockphoto; pp.118 buradaki/iStockphoto; p.119 Alisa_Ch/Shutterstock; p.120 valentinarr/iStockphoto; pp.122-123 blinkwinkel/Alamy; p.124 Zrfphoto/Dreamstime; p.125 CraigRJD/iStockphoto; p.126 Jun Zhang/Shutterstock; p.127 deimagine/iStockphoto; p.128 GlobalP/iStockphoto; p.129tl Milen Gagov/iStockphoto; p.129tr Marat Musabirov/iStockphoto; p.130 Beyondimages/iStockphoto; p.131 holgs/iStockphoto; p.132 Denys.Kutsevalov/Shutterstock; p.134 cokada/iStockphoto; p.135 wsfurlan/iStockphoto; pp.136-137t SL_Photography/iStockphoto; pp.136-137b AegeanBlue/iStockphoto; p.137 omikscovsky/Shutterstock; p.138 jskiba/iStockphoto; pp.140-141 sbayram/iStockphoto; p.143 StevenDillon/iStockphoto; p.144 Marieke Peche/iStockphoto; p.146 imageBROKER.com GmbH & Co.KG/Alamy; pp.146-147 SymbiosisArtmedia/Shutterstock; p.149 bbevren/iStockphoto; p.152 Vikks/Shutterstock; pp.154-155 thomaslenne/iStockphoto; pp.156-157 MoLarjung/Shutterstock; p.157 R Gombarik/Shutterstock; p.158 robertharding/Alamy; p.159 studio023/iStockphoto; p.161 DaveWalker/Shutterstock; p.163 Natallia Yaumenenka/Shutterstock; p.164 Robert Daly/iStockphoto; p.165t Prostock-Studio/iStockphoto; p.165b cynoclub/iStockphoto; pp.168-169 natthanim/iStockphoto; p.171 Ernie James/Alamy; pp.172-173 Evgeniy Skripnichenko/iStockphoto; p.173 Micha Klootwijk/Dreamstime; pp.174-175 magann/iStockphoto; p.177 Thomas Morris/Shutterstock; p.179 Mohnish Maurya/Shutterstock; pp.180-181 vovashevchuk/iStockphoto; p.182 NicoElNino/Shutterstock; p.183 Andrew Mayovskyy/Shutterstock; pp.184-185 robertharding/Alamy; p.186 FedotovAnatoly/iStockphoto; p.187 Design Pics Inc/Alamy; p.188 Rattankun Thongbun/iStockphoto; p.190 GlobalP/iStockphoto; p.191 Heather Broccard-Bell/iStockphoto; p.193 Marina mrs_brooke/Shutterstock; p.194 Anton Gvozdikov/Shutterstock; p.195 Veronika Ryabova/iStockphoto; p.196 onairjiw/iStockphoto; p.197 (glass bottles) mbongorus iStockphoto; p.197 (plastic bottles) Picsfive/iStockphoto; p.197 (cardboard) Alexan2008/iStockphoto; pp.198-199 cozyta/Shutterstock.

*시공주니어 홈페이지에서 팩토피아 ❽ 워크북을 다운로드 하여
 극한 상식을 높여 보세요!

팩토피아 ❽ 극한 상식
꼬리에 꼬리를 무는 400가지 사실들

초판 1쇄 인쇄일 2024년 5월 10일
초판 1쇄 발행일 2024년 5월 30일

글 로즈 데이비드슨 **그림** 앤디 스미스 **옮김** 조은영

발행인 조윤성
편집 고은희, 이현지, 이지혜 **디자인** 최혜란, 정은경 **마케팅** 서승아
발행처 (주)시공사 **주소** 서울시 성동구 상원1길 22, 7-8층 (우편번호 04779)
대표전화 02-3486-6877 **팩스(주문)** 02-585-1247
홈페이지 www.sigongsa.com / www.sigongjunior.com

Epic FACTopia Written by Rose Davidson, Illustrated by Andy Smith
ⓒ 2024 Title eight: Epic FACTopia
Text ⓒ 2024 What on Earth Publishing Ltd. and Britannica, Inc.
Illustrations ⓒ 2024 Andy Smith
All rights reserved.
Korean translation rights ⓒ 2024 by Sigongsa Co., Ltd.
Korean translation rights are arranged with What on Earth Publishing Ltd.
through AMO Agency Korea.

이 책의 한국어판 저작권은 AMO 에이전시를 통해 저작권자와 독점 계약한 (주)시공사에 있습니다.
저작권법에 의해 한국 내에서 보호를 받는 저작물이므로 무단 전재와 무단 복제를 금합니다.

ISBN 979-11-6925-413-7 74030
ISBN 979-11-6925-405-2 (세트)

*시공사는 시공간을 넘는 무한한 콘텐츠 세상을 만듭니다.
*시공사는 더 나은 내일을 함께 만들 여러분의 소중한 의견을 기다립니다.
*잘못 만들어진 책은 구입하신 곳에서 바꾸어 드립니다.

WEPUB 원스톱 출판 투고 플랫폼 '위펍' _wepub.kr
위펍은 다양한 콘텐츠 발굴과 확장의 기회를 높여주는
시공사의 출판IP 투고·매칭 플랫폼입니다.

KC마크는 이 제품이 공통안전기준에 적합하였음을 의미합니다.
제조국: 대한민국 **사용 연령**: 8세 이상
책장에 손이 베이지 않게, 모서리에 다치지 않게 주의하세요.

 시공주니어 도서목록을 만나 보세요.